『부인』·『신여성』 총목차

1922-1934

엮은이

정선희 鄭仙熹 Jung Sunny

인하대 한국어문학과 졸업. 고려대 국어국문학과 박사 수료. 식민지시기에 간행된 동화집과 아동잡지를 꾸준히 공부하고 있으며, 고전과 현대의 구분, 갈래 간의 경계에 관계없이 '이야기'를 접하는 일을 좋아한다. 계간지 『어린이와 문학』에서 '식민지시기와 우리 동화'를 연재하였으며, 공저로 『신성한 동화를 들려주시오』(소명출판, 2018)와 『100개의 키워드로 읽는 한국 아동청소년문학』(창비, 2023)이 있다.

jerrypersona@naver.com

『부인』·『신여성』 총목차 1922-1934

초판인쇄 2023년 5월 25일 **초판발행** 2023년 6월 10일

엮은이 정선희 **펴낸이** 박성모 **펴낸곳** 소명출판 **출판등록** 제1998-000017호

주소 서울시 서초구 사임당로14길 15 서광빌딩 2층

전화 02-585-7840 **팩스** 02-585-7848

전자우편 somyungbooks@daum.net **홈페이지** www.somyong.co.kr

값 41,000원

ISBN 979-11-5905-795-3 93010

『부인』·『신여성』
총목차 1922-1934
정선희 엮음

일러두기

자료 범위

개벽사에서 발행하고, 케포이북스에서 영인한『부인』총 14권,『신여성』총 71권 소재 기사, 광고, 사고에 기술된 검열 기사를 목록화하였다.

목록 작성 기준

- 저자명, 갈래명, 기사명, 쪽수 순서로 정리하였다.
  예) 현희운 [만가지고문] 번민고문 46~48
- 저자가 임의로 정리한 갈래명은 작은 글씨로 따로 표기하였다.
  예) 사진 창경원의봄 22
- 가능한 한 원문의 표기법을 따르되 띄어쓰기는 현행 문법 체계를 준수하였다.
- 목차에 기재된 내용과 본문의 내용이 다를 경우, 후자를 택했다.
- 제명이 없는 표지화의 경우, 그림을 설명하는 것으로 제명을 대신했다.
  예) 표지 부채를 든 트레머리 여성
- 영인본에서 낙장된 기사는 글자를 흐리게 표시하였다.
  예) 몽견초 [사실애화] 운명에지는꽃
- 한 기사에 여러 편의 작은 기사에 실렸을 경우, 들여쓰기로 삽입된 기사를 표시하였다.
  예) 만가지고문 42~53
  김병로 · 리승우 · 박승빈 : 법률고문
- 쪽수가 표기되지 않은 지면의 경우, 쪽수를 생략했다.
- 판독이 어려운 글자는 음절수만큼 '□'로 표시하였다.
- 판권지를 판독하기 어려운 경우, '-'으로 표시하였고, '비고'를 통해 연유를 정리하였다.
- 목차에 소개되었으나 본문에는 생략된 기사는 목차 끝에 부기하였으며, 글자를 흐리게 표시하였다.
  예) 판권지
  孫初岳 : 편지밧든때(略)
- 필요한 경우에 한해서 주석을 사용하였다.

책머리에

옛 잡지와 신문을 뒤적이며 공부하는 이들은 안다. 옛사람들이 남기고 간 막대한 활자의 양 앞에서 우리가 호기심에 이어 경험하는 것은 거대한 혼돈과 생각의 마비라는 것을. '어디서부터 읽기 시작해야 하지?', '어떻게 소화를 해야 하지?', '이 작업은 언제까지 계속되어야 하는 거지?' 내 경험에 비추어 말하자면, 옛 잡지와 신문은 번번이 나에게 광막한 활자의 바다처럼 다가왔다. 그것은 완결성과 폐쇄성을 지닌 단행본과는 분명 다른 성격의 것이었다. 물방울을 튀기며 힘차게 일렁이는 활자의 바다 앞에서, 나는 신비한 황홀경과 경외감을 느꼈다. 그러나 동시에 나는 늘 그 속에서 표류하였고, 이따금 멀미와 체증으로 괴로워했다. 이처럼 눈에는 보이지만 손에는 잡히지 않는 활자를 붙잡기 위해 시작한 일이 옛 잡지와 신문의 목차를 한 자씩 베껴 쓰는 일이었다.

"목차 정리가 공부에 도움이 돼요?" 간혹 이 말을 들으면, 천성이 워낙 삐딱한 나는 질문에 가시가 있다는 생각을 했다. '복판이 아니라 변죽을 치는 공부를 하는 거 아니에요?' 간간이 이 질문의 함의는 나의 전공에 대한 의구로 변주되어 들리기도 하였다. '이런 일은 서지학 전공자가 하는 거 아니에요?' 하지만 다시 한번 내 경험에 비추어 말하면, 목차를 정리하는 일은 복판을 쳐서 변죽까지 울리고 마는 공부의 방법이었다. 활자를 하나씩 옮겨 적는 동안, 나는 부분과 전체를 조금씩 이해하였고, 담론이 만들어지는 과정을 다시금 깨닫게 되었다. 운이 좋으면 기왕의 연구가 지나친 으슥한 사각死角을 발견하기도 하였다. 매번 물살에 휩쓸려 부동浮動했던 나는 시나브로 활자의 바다 속에서 헤엄을 치기 시작했다. 더불어 목차를 정리하는 일은 전공에 상관없이 누군가는 해야 하는 당위의 작업이었다. 1차 자료와 쌍을 이루는 목차집은 학문의 기본재인 동시에 연구의 공공재인 까닭이었다. 내가 하루에 한 호씩 개벽사의 『부인』, 『신여성』 목차를 정리하겠다고 마음먹은 이유도 이와 무관하지 않았다. 없어서는 안 되는 것이 부재하다는 역설. 이것이 내가 이 책의 초고를 쓰게 된 결정적 이유였다.

2012년에 이르러 완벽하게 보유된 『부인』, 『신여성』 영인본은 케포이북스의 지독한 아카이브 열병Archive Fever이 낳은 공력의 산물이었다. 이번에 간행되는 『부인』, 『신여성』 목차집은 이 근사한 영인본과 짝을 이루는 저작물이다. 그런 까닭에 상식적으로 독자는 목차집과 영인본을 나란히 놓고 읽는 것을 정석定石의 독서법으로 생각하기 쉽다. 목차집이 제공하는 정보가 영인본의 내용과 밀접하게 연동되어 있다는 점을 적극적으로 고려한다면 이 같은 독서법은 충분히 권장될 만한 것이다. 그러나 독자가 반드시 이 방법을 따를 필요는 없다. 가령 목차집 한 권만 꺼내서 심심파적으로 훑어보아도 좋고, 책 사이사이에 실린 이미지만 감상하다가 책장을 덮어버려도 좋다. 또한 이 책의 호환성은 나쁘지 않은 편이기 때문에 책의 사용 범주를 꼭 케포이북스의 영인본으로만 한정할 필요도 없다. 현대사 영인본, 역락의 영인본을 비롯하여 국립중앙도서관, 국회도서관, 현담문고, CNC 학술정보, KRpia 홈페이지 등에서 공급하는 디지털 아카이브 자료에 목차집의 정보를 범용적으로 적용하여도 큰 무리는 없을 것이다. 요컨대 독자가 한 모든 시도가 이 책을 읽는 방법이 될 것이다. 그렇지만 약간 욕심을 낸다면 『부인』, 『신여성』이 발행된 시기에 개벽사가 동시적으로 펴낸 『개벽』, 『어린이』, 『별건곤』, 『혜성』, 『제일선』 등의 잡지에도 관심을 갖기를 권한다. 특히 다섯

잡지에 수록된 『부인』, 『신여성』 광고의 내용과 실제 발행된 잡지의 내용을 견주어 살필 것을 추천한다. 둘 사이에는 무심코 지나쳐서는 안 되는 차이와 간극이 존재하기 때문이다. 이때의 낙차와 거리를 통해 『부인』, 『신여성』을 입체적으로 톺아보는 시도가 늘어난다면, 이것은 내게 큰 벅참과 즐거움으로 기억될 것이다.

틈틈이 교정을 보았으나 지면 어딘가에는 미진한 부분이 분명 남아 있을 것이다. 세심한 눈길이 닿지 못해 생긴 실수와 탈구는 전적으로 나의 몫이다. 그리고 그것을 지적하고, 시정을 요구하는 것은 독자가 누려야 할 마땅한 권리다. 눈 밝은 독자의 조언과 질정을 통해 반가운 소통과 토론의 시간이 마련되기를 간절히 기대한다.

한 권의 책이 만들어지는 일은 옛날이나 지금이나 녹록하지 않은 작업이다. 케포이북스의 영인본을 구입하는 과정에서 큰 도움을 주셨던 근대서지학회 오영식 선생님께 우선 감사의 인사를 드린다. 선생님의 자상한 배려 덕분에 학교 도서관의 엄격한 규정에 맞춰 읽어야 했던 『부인』과 『신여성』을 나는 언제, 어디서든 마음껏 읽을 수 있었다. 『부인』, 『신여성』 강독 세미나를 함께했던 숙명여대 아시아여성연구원과 사단법인 방정환연구소에도 고마움을 전한다. 이 책의 머리말을 빌려 '우자생존優者生存'을 몸소 실천한 그들과 함께 할 수 있었던 건 정말 영광이었다는 말을 전하고 싶다. 끝으로 이번 작업은 소명출판의 특별한 품격과 돌올한 위상을 다시금 깨닫게 되는 시간이었다. 그들의 품격과 위상은 탁월한 역량과 우직한 철학 위에 세워진 것임을, 그리고 나 역시 그들의 기량과 신념에 지지 않기 위해 최선을 다했다는 것을 특별히 기록해두고자 한다. 박성모 대표님께 고개 숙여 감사의

인사를 드린다. 이 책이 나의 우보牛步를 묵묵히 기다려주는 이들에게 작은 기쁨이 되기를 바라며.

뜻이 깊은 2023년 5월 5일

정선희

차례

『부인』·『신여성』 발행 목록

『부인』 (총 14권)

	1월호	2월호	3월호	4월호	5월호	6월호	7월호	8월호	9월호	10월호	11월호	12월호
1922 (1권)						○	○	○	○	○		○
1923 (2권)	○	○	○	○	○	○	○	○				

『신여성』 (총 71권)

<table>
<tr><th></th><th>1월호</th><th>2월호</th><th>3월호</th><th>4월호</th><th>5월호</th><th>6월호</th><th>7월호</th><th>8월호</th><th>9월호</th><th>10월호</th><th>11월호</th><th>12월호</th></tr>
<tr><td>1923
(1권)</td><td></td><td></td><td></td><td></td><td></td><td></td><td></td><td></td><td>○</td><td></td><td>○</td><td></td></tr>
<tr><td>1924
(2권)</td><td></td><td>○</td><td>○</td><td></td><td>○</td><td>○</td><td>○</td><td></td><td>○</td><td>○</td><td>○</td><td>○</td></tr>
<tr><td>1925
(3권)</td><td>○</td><td>○</td><td>○</td><td>○</td><td>○</td><td colspan="2">○</td><td>○</td><td>○</td><td>○</td><td>○</td><td></td></tr>
<tr><td>1926
(4권)</td><td>○</td><td>○</td><td>○</td><td>○</td><td>○</td><td>○</td><td>○</td><td>○</td><td>○</td><td>○</td><td></td><td></td></tr>
<tr><td>1927</td><td></td><td></td><td></td><td></td><td></td><td></td><td></td><td></td><td></td><td></td><td></td><td></td></tr>
<tr><td>1928</td><td></td><td></td><td></td><td></td><td></td><td></td><td></td><td></td><td></td><td></td><td></td><td></td></tr>
<tr><td>1929</td><td></td><td></td><td></td><td></td><td></td><td></td><td></td><td></td><td></td><td></td><td></td><td></td></tr>
<tr><td>1930</td><td></td><td></td><td></td><td></td><td></td><td></td><td></td><td></td><td></td><td></td><td></td><td></td></tr>
<tr><td>1931
(5권)</td><td>○</td><td>○</td><td>○</td><td>○</td><td></td><td>○</td><td>○</td><td>○</td><td>○</td><td>○</td><td>○</td><td>○</td></tr>
<tr><td>1932
(6권)</td><td>○</td><td>○</td><td>○</td><td>○</td><td>○</td><td>○</td><td>○</td><td>○</td><td>○</td><td>○</td><td>○</td><td>○</td></tr>
<tr><td>1933
(7권)</td><td>○</td><td>○</td><td>○</td><td>○</td><td>○</td><td>○</td><td>○</td><td>○</td><td>○</td><td>○</td><td>○</td><td>○</td></tr>
<tr><td>1934
(8권)</td><td>○</td><td colspan="2">○</td><td>○</td><td>○</td><td>○</td><td></td><td></td><td></td><td></td><td></td><td></td></tr>
</table>

大正十一年六月一日發行（每月一回一日發行）
婦人
創刊號
창간호
부인

『부인』 1-1 통권 1호, 창간호

쪽수 83쪽 | **인쇄일** 大正十一年五月三十一日 (1922.5.31) | **발행일** 大正十一年六月一日 (1922.6.1) | **편집·발행인** 李敦化 | **인쇄인** 閔泳純 | **인쇄소** 新文館 | **발행소** 開闢社 | **정가** 30전

부인

婦人

칠월호

七月號

뎨일권 뎨이호

第壹卷 第貳號

『부인』 1-2 통권 2호

쪽수 72쪽 | **인쇄일** 大正十一年七月九日 (1922.7.9) | **발행일** 大正十一年七月十日 (1922.7.10) |
편집·발행인 李敦化 | **인쇄인** 閔泳純 | **인쇄소** 新文館 | **발행소** 開闢社 | **정가** 30전

조선에처음잇는

향장품연구소
香粧品研究所

화학긔계실
化學機械室

약품실
藥品室

경성미용원(京城美容院)은현회운선생(玄檜運先生)이여러해동안취미(趣味)로연구(研究)하여오든것입니다。선생(先生)의고명(高明)한발명(發明)과리상뎍연구실(理想的研究室)은우리부인계(婦人界)의화장술(化粧術)파화장품(化粧品)을만이만드러낼줄밋습니다

미용술(美容術)、향장품(香粧品)、연구소(研究所)

경성미용원
京城美容院

우리편즙부(編輯部)부인매물소(婦人買物所)에서특(特)히현선생(玄先生)에게청(請)하여그연구실(研究室)에서만든것을우리독자(讀者)에게팔야고합니다。이물건(物件)은우리부인매물소(婦人買物所)에서책임(責任)을지고여러분에게권(勸)해드리오니안심(安心)하시고사시기를바람니다。

대리점 부인매물소

代理店 婦人買物所

뎐화본국(電話本局) 一三五七

진체경성(振替京城) 五五九五

경셩미용원원장현희운선생의창제인 미용(京城美容院院長玄僖運先生創製 美容)
백분(白粉)은족음도분쇠가들지아니하고 순전(純全)한
산화아연(酸化亞鉛)으로주제(主劑)를삼고 남아지여러가지
조흔원료(原料)로만든싸닭에얼굴에매우유익(有益)한분(粉)

미용ᄇᆡᆨ분

입니다 우리부인매물소(婦人買物所)에서파오니 귀부(貴婦)
인(人)들은만히사쓰시기를바랍니다。
한갑에 뎡가삼십전(定價三十錢)입니다。

부인매물소(婦人買物所)

경셩미용원장(京城美容院長) 현희운(玄僖運) 선생(先生) 창제(創製)
이분은 분쇠를너치아니한것임으로 분독이업고
경제를본위로하여만든것임으로갑시매우쌈니다。
품질(品質)에대(對)하야서는 우리의잡지주간선생(主幹先生)님이발명(發明)
한것임으로족음도부족(不足)한뎜(點)이업는리상뎍부인편집(理想的婦人編輯)
부내(部內) 화장품(化粧品)이올시다。
부인매물소(婦人買物所)에서팜니다。

뎡가한갑(定價一匣) 십오전(十五錢)

서울분

우세(郵稅)는 책갑(冊價)까지 십팔전(十八錢)

부인
婦人
팔월호
八月號
뎨일권 뎨삼호
第壹卷 第參號

『부인』 1-3 통권 3호

쪽수 82쪽 | 인쇄일 大正十一年八月十九日 (1922.8.19) | 발행일 大正十一年八月二十日 (1922.8.20) | 편집·발행인 李敦化 | 인쇄인 閔泳純 | 인쇄소 新文館 | 발행소 開闢社 | 정가 30전

광고 『조선지위인』(개벽사)

개벽사부인편즙소 우리 부인은 어써케 개량할가

『부인』 1-4 통권 4호

쪽수 90쪽 | 인쇄일 大正十一年九月七日 (1922.9.7) | 발행일 大正十一年九月十日 (1922.9.10) |
편집 · 발행인 李敦化 | 인쇄인 閔泳純 | 인쇄소 新文館 | 발행소 開闢社 | 정가 30전

* 검열 때문에 기사 본문이 삭제되었으며, 영인본에서 3~6쪽이 낙장되었다.

* 영인본에서 84~85쪽이 낙장되었다.

『부인』 1-5 통권 5호

쪽수 86쪽 | **인쇄일** 大正十一年十月十七日 (1922.10.17) | **발행일** 大正十一年十月二十日 (1922.10.20) | **편집·발행인** 李敦化 | **인쇄인** 閔泳純 | **인쇄소** 新文館 | **발행소** 開闢社 | **정가** 30전

부인

婦人

第六號

『부인』 1-6 통권 6호

쪽수 90쪽 | 인쇄일 大正十一年十二月七日 (1922.12.7) | 발행일 大正十一年十二月十日 (1922.12.10) |
편집 · 발행인 李敦化 | 인쇄인 閔泳純 | 인쇄소 東亞印刷所 | 발행소 開闢社 | 정가 30전

부인
婦人
大正十一年六月一日第三種郵便物認可
大正十二年一月十日發行
每月一回一日發行
第二年第一月
新年號
第七號

『부인』 2-1 통권 7호, 신년호

쪽수 88쪽 | 인쇄일 大正十一年十二月三十日 (1922.12.30) | 발행일 大正十二年一月一日 (1923.1.1) | 편집 · 발행인 李敦化 | 인쇄인 閔泳純 | 인쇄소 東亞印刷所 | 발행소 開闢社 | 정가 30전

부인
第二年第二月
第八號
大正十一年六月一日第三種郵便物認可 每月一回一日發行
大正十二年二月十日發行

『부인』 2-2 통권 8호

쪽수 91쪽 | 인쇄일 大正十二年二月七日 (1923.2.7.) | 발행일 大正十二年二月十日 (1923.2.10.) | 편집·발행인 朴達成 | 인쇄인 閔泳純 | 인쇄소 大東印刷株式會社 | 발행소 開闢社 | 정가 30전

부인

婦人

大正十一年六月一日第三種郵便物認可
大正十二年三月一日發行

每月一回一日發行

三月號

第二巻第三號

『부인』 2-3 통권 9호

쪽수 94쪽 | 인쇄일 大正十二年二月二十七日 (1923.2.27) | 발행일 大正十二年三月一日 (1923.3.1) | 편집 · 발행인 朴達成 | 인쇄인 閔泳純 | 인쇄소 大東印刷株式會社 | 발행소 開闢社 | 정가 30전

婦人
第二卷第四號
AHN

『부인』 2-4 통권 10호

쪽수 94쪽 | 인쇄일 大正十二年三月三十日 (1923.3.30) | 발행일 大正十二年四月一日 (1923.4.1) | 편집·발행인 朴達成 | 인쇄인 閔泳純 | 인쇄소 大東印刷株式會社 | 발행소 開闢社 | 정가 30전

부인
婦人
五月號
第二卷第五號

『부인』 2-5 통권 11호

쪽수 90쪽 | **인쇄일** 大正十二年四月三十日 (1923.4.30) | **발행일** 大正十二年五月一日 (1923.5.1) | **편집·발행인** 朴達成 | **인쇄인** 閔泳純 | **인쇄소** 大東印刷株式會社 | **발행소** 開闢社 | **정가** 30전

표지

여학생 복장을 하고 생각에 잠긴 여성

開闢社婦人編輯部 現代男子에게 무름

開闢社婦人編輯部 現代女子에게 무름

목차

婦人

六月號

第二卷第六號

創刊壹周年紀念增大號

『부인』 2-6 통권 12호, 창간일주년기념증대호

쪽수 108쪽 | **인쇄일** 大正十二年五月三十日 (1923.5.30) | **발행일** 大正十二年六月一日 (1923.6.1) | **편집 · 발행인** 朴達成 | **인쇄인** 閔泳純 | **인쇄소** 大東印刷株式會社 | **발행소** 開闢社 | **정가** 30전

부인

婦人

七月號

第貳卷 第七號

大正十三年七月一日發行

『부인』 2-7 통권 13호

쪽수 81쪽 | **인쇄일** 大正十二年六月三十日 (1923.6.30) | **발행일** 大正十二年七月一日 (1923.7.1) | **편집·발행인** 朴達成 | **인쇄인** 閔泳純 | **인쇄소** 大東印刷株式會社 | **발행소** 開闢社 | **정가** 30전

婦人
八月號
大正十一年六月一日第三種郵便物認可
大正十二年八月一日發行 每月一回一日發行
第貳年第八號

『부인』 2-8 통권 14호

쪽수 80쪽 | 인쇄일 大正十二年八月八日 (1923.8.8) | 발행일 大正十二年八月十日 (1923.8.10) | 편집·발행인 朴達成 | 인쇄인 閔泳純 | 인쇄소 大東印刷株式會社 | 발행소 開闢社 | 정가 30전

* 영인본에서 1~4쪽이 낙장되었다.

新女性

創刊號

『신여성』 1-1 통권 1호, 창간호

쪽수 86쪽 | **인쇄일** 大正十二年九月十四日 (1923.9.14) | **발행일** 大正十二年九月十五日 (1923.9.15) | **편집·발행인** 朴達成 | **인쇄인** 閔泳純 | **인쇄소** 大東印刷株式會社 | **발행소** 開闢社 | **정가** 30전

* 春坡, 玄德信, 八克, 小春, 滄旅, 青吾, 小波, 石溪, 一然, 洪一昌

月刊雜誌

新女性

十一月號

第壹卷 第貳號

『신여성』 1-2 통권 2호

쪽수 80쪽 | **인쇄일** 大正十二年十月二十四日 (1923.10.24) | **발행일** 大正十二年十月二十五日 (1923.10.25) | **편집 · 발행인** 朴達成 | **인쇄인** 閔泳純 | **인쇄소** 大東印刷株式會社 | **발행소** 開闢社 | **정가** 30전

* 水堂, 鳳谷, 八克, 石雲, 秋汀, W, 雲庭

『신여성』 2-3 (2-1) 통권 3호, 갑자이월호

쪽수 85쪽 | **인쇄일** 大正十三年二月二十日 (1924.2.20) | **발행일** 大正十三年二月二十日 (1924.2.20) | **편집·발행인** 方定煥 | **인쇄인** 閔泳純 | **인쇄소** 大東印刷株式會社 | **발행소** 開闢社 | **정가** 30전

新女性

第四號

四月號

『신여성』 2-3 (2-2) 통권 4호

쪽수 88쪽 | **인쇄일** 大正十三年三月二十七日 (1924.3.27)* | **발행일** 大正十三年三月二十日 (1924.3.20) | **편집 · 발행인** 方定煥 | **인쇄인** 閔泳純 | **인쇄소** 大東印刷株式會社 | **발행소** 開闢社 | **정가** 30전

* 인쇄일이 발행일보다 7일 늦은 시기로 표기되었다. 이는 오식으로 추정된다.

** 영인본에서 4~14쪽이 낙장되었다.

*** 金允經, 南相瓚, 長田富作, 山野上長次郎, 趙東軾, 安衡中, 李敦化, 申알베트, 金美理士.

* 영인본에서 73~74쪽이 낙장되었다.

新女性

第五號

══號　月　五══

大正十三年二月二十六日 第三種郵便物認可　大正十三年五月十二日發行

『신여성』 2-5 (2-3) 통권 5호, 결혼문제호

쪽수 93쪽 | **인쇄일** 大正十三年五月十日 (1924.5.10) | **발행일** 大正十三年五月十二日 (1924.5.12) | **편집·발행인** 方定煥 | **인쇄인** 閔泳純 | **인쇄소** 大東印刷株式會社 | **발행소** 開闢社 | **정가** 30전

方	편즙을 맛치고	93
판권지		
뒤표지	『어린이』(개벽사)	

新女性
第二年
六月号

『신여성』 2-6 (2-4) 통권 6호

쪽수 87쪽 | **인쇄일** 大正十三年六月十五日 (1924.6.15) | **발행일** 大正十三年六月十七日 (1924.6.17) | **편집·발행인** 方定煥 | **인쇄인** 閔泳純 | **인쇄소** 大東印刷株式會社 | **발행소** 開闢社 | **정가** 30전

* 영인본에서 2~3쪽이 낙장되었다.

ハクキン懷爐
차츰자츰따뜻해저서
健康美滿點……
겨울든든히지나는
젊은이의懷爐!
一回一錢의費用으로서
一晝夜을安全하게保溫
定價 一円半
一円
大阪製 矢満登商會

월경장해・불임신

부인과의복음은

오오호르민

일것입니다

남모르게근심하시는분이여、백약이무효일지라도、적실히광명을볼수잇는、세상에다시업는「오오호르민」을주저하지마지고곳사용하야보십사요。

단언코집안에깁붐이잇슬것입니다。

(적당한증세) 월경불순、불임신、자궁발육불전증、두통、불민증、닝중、신경쇠약사지와허리의닝감、성욕감퇴、기타산부인과일반제증에특효합니다。

(사용법) 가루약一日一―一・五瓦를三回分服
정제약 一回에三―五지씩 一日三回服用

(가 격) 二五瓦(六圓一〇)百瓦(二十三圓)
五〇錠(一圓七五) 一〇〇錠(三圓三〇)
三〇〇錠(八圓六〇)

發賣元 株式會社 武田長兵衛商店
大阪市東區道修町
(朝鮮各地有名藥店에서販賣합)

* 영인본에서 65~66쪽이 낙장되었다.

方　　　　　편즙을 맛치고

판권지

新女性

녀름特別號

第二年 第五号

『신여성』 2-5 통권 7호, 녀름특별호

쪽수 100쪽 | **인쇄일** 大正十三年七月二十六日 (1924.7.26) | **발행일** 大正十三年七月三十日 (1924.7.30) | **편집 · 발행인** 方定煥 | **인쇄인** 閔泳純 | **인쇄소** 大東印刷株式會社 | **발행소** 開闢社 | **정가** 30전

体力強化에
問題는消化如何에잇다! 「포리타민」은 牛乳蛋白을
化學的으로消化식혀서맨든『綜合아
미노酸』에다 비타민B를添加한藥
이므로 아모리胃腸이衰弱한사람이
먹더라도 消化식힐必要없이곳吸收
되는 가장理想的인强壯劑입니다。
◎肺結核・諸病衰弱・貧血症・胃弱
食慾不振・産前産後・心身疲勞
精力減退・虛弱兒童에게卓効함。
補血強壯劑 (포리타민)
ポリタミン
小瓶 一圓五十五錢
中瓶 二圓五十錢
大瓶 四圓五十錢
全鮮藥房에서販賣함
發賣元 大阪市道修町 株式會社 武田長兵衛商店
京城出張所 京城府南大門通三丁目一〇六
製造元 武田藥發化學株式會社

19(2)306

新女性

創刊一週年紀念號

第二年 第六号

『신여성』 2-6 통권 8호, 창간일주년기념호

쪽수 125쪽 | 정가 40전 | 인쇄일 大正十三年八月二十六日 (1924.8.26) | 발행일 大正十三年八月三十日 (1924.8.30) | 편집·발행인 方定煥 | 인쇄인 閔泳純 | 인쇄소 大東印刷株式會社 | 발행소 開闢社

新女性

拾月 가을特別號

第二年 第八号

大正十三年十月一日發行(每月一回發行)

『신여성』 2-8 (2-7) 통권 9호, 십월가을특별호

쪽수 100쪽 | **인쇄일** 大正十三年十月十六日 (1924.10.16) | **발행일** 大正十三年十月十七日 (1924.10.17) | **편집 · 발행인** 方定煥 | **인쇄인** 閔泳純 | **인쇄소** 大東印刷株式會社 | **발행소** 開闢社 | **정가** 30전

新女性

衣服問題와公開狀號

第二卷 十一月号

大正十三年二月二十六日第三種郵便物認可
大正十三年十一月一日發行(每月一回發行)

『신여성』 2-10 (2-8) 통권 10호, 의복문제와 공개장호

쪽수 96쪽 | 인쇄일 大正十三年十一月十六日 (1924.11.16) | 발행일 大正十三年十一月十七日 (1924.11.17) | 편집·발행인 方定煥 | 인쇄인 閔泳純 | 인쇄소 大東印刷株式會社 | 발행소 開闢社 | 정가 30전

어붓치고 뒤(後面)허리는 그림에잇는치수대로싼조각하나를오려서 거긔에 단초구녁세개를뚤어서 바지에붓처담니다

그만하면 옷이난것입니다

입을때는 속에가는웃옷의 단초를떼여헛치고 그리로 다리와 몸과 팔을느어서입고 大小便을볼때에는 뒤ㅅ허리에 단초만떼면 남자의바지입고大小便볼때와 꼭 맛찬가지로됩니다 퍽 편하고 땃듯하고 돈덜들고 몸맵시가조와지는고로 각학교 녀학생간에 대단히류행이되는데 일반 가명부인들께서도 만히입게되기를바람니다

이것한가지만입으면 속곳 바지 들을안입어도좃케됨니다 맨늘기도 아조쉽고 감도 一圓三四十錢밧게안드는것이니셔험으로 한번씩 꼭 지여입으십시요

改良압치마맨드는法（집에서입는것）

광목으로 맨들면八十錢가량으로될수잇습니다우선 조선구척(舊尺)으로 넓이一尺六分 기리一尺七寸八分의 네모번듯한조각을내여놈니다그것이 치마전폭이되는것입니다

甲圖

그다음에「억개와안가슴」을맨드는데 가슴을 반(半)에접어가지고 그림에잇는것처럼 치수를맛처서 연필로그리여서 고대로오려내서 반에접엇든것을펼치면 乙圖의 위그림처럼됨니다

乙圖

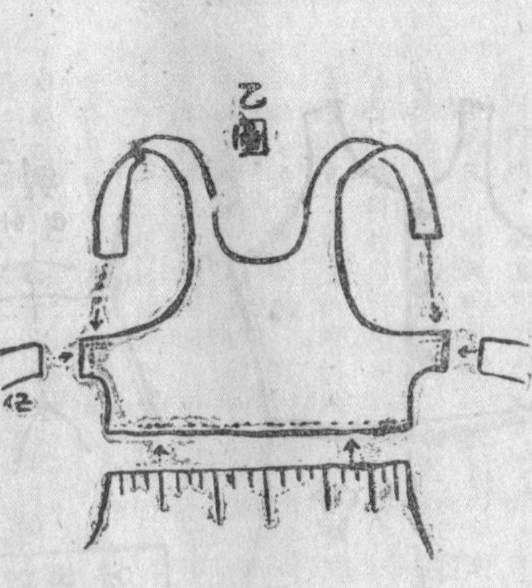

고 乙圖에보이는것처럼길죽한억개「멜방」을 쑵으려서 그옷을 가슴엽옷헤갓다가붓칩니다 그러면 거긔가 팔을씨이는구먹이되는것입니다

그러고나서 앗가 치마전폭띄여두엇든것을 주름을잡어서 가슴아래에매여담니다

그러면대례의형성은된것인즉 맨나종에 甲圖에잇는것처럼끈 두소각을맨들어 멜방옷을 가슴에대인곳에매여달어두고 주머니 두조각을맨드러 옷을둥글려서 사진에잇는것처럼 손닷기쉬운곳에매여달면 된것입니다

갓은 싼헌겁으로떼를둘러도좃코가슴압헤 옷닙을오려도좃슴니다

新流行 改良婦女內服맨드는法

녀름에는 옥양목 겨울에는 용ㅣ으로맨듬니다

우와아래가 한데붓흔옷인데웃것 먼저 맨들기로함니다 치수는

여긔적힌것은 「모다」조선에전자(舊尺)로쌔진것이니 그림에잇는것처럼 치수를맛추어 연필로그려서오려내가지고 가슴압흐로올데에는족씨처럼 한편에단초세개달고 한편에단초구녁세개를쌔냄니다(이것은압을 쌔 이러로다리와 몸을넛케 하려고 그려는것 입니다) 그리고 등뒤의 맨끗헤도 단초세개 를 가로 매답니다 (이것은 大小便볼 쌔에 트 게하노라 고그럼니 다) 그다음에는 바지를맨듬니다 바지는 보통남자바지처럼 잣되 기리는 무릅싸지만오게하고 허리는 그냥웃것에붓처달것이냣가 쌃습니다 이러케 맨들어서 압흔「족쎄가튼웃옷쯧헤 아조붓박이로 싹

뒤 허리

압

것는어지

正十三年二月
大正十三年十二月

新女性

甲子送年號

第二年 十二月号

『신여성』 2-12 (2-9) 통권 11호, 갑자송년호

쪽수 83쪽 | **인쇄일** 大正十三年十二月十六日 (1924.12.16) | **발행일** 大正十三年十二月十九日 (1924.12.19) | **편집·발행인** 方定煥 | **인쇄인** 閔泳純 | **인쇄소** 大東印刷株式會社 | **발행소** 開闢社 | **정가** 30전

는、가난한사람들에게、自己의、財產을、얼마식分配하야주엇다。 괴로와하는사람들을、볼때에、로ㅣ자는、眞心으로、 慰勞하여주고십헛다。 괴로와하며、煩悶、하고잇는사람들의病을、될수만잇스면、自己가、代身으로밧아、 그들의苦痛을、慰勞하야주고십다고、生覺하엿다。

이러한親切함과、慈悲한마음은、로ㅣ자가、어렷슬때에밧은宗敎的敎育에、因한바가만핫다。로ㅣ자는、때때로、가난한사람이나、돈만흔사람이나、다가티、神으로因하야、되엿다는것과、그런故로、우리들은、萬事를超越하야、神을、사랑하지안흐면안된다는것과、또는、自己自身을、사랑함과가티、니웃사람을、사랑하지안흐면안된다는것이며、그러고사람사람은、다그日常의行爲로써、그러한尊貴한愛를、證據세워야한다는것을、배웟다。

로ㅣ자는、이金言을、實行하기爲하야、自己가맛나는가난한사람들마다、그中에도、特別히、勞働者들을、도아주엇다、그러나、그만한것으로、로ㅣ자는滿足할수는업섯다。自己의不自由함이업는金錢을、보드라운말로慰勞하면서、그들에게주엇대야、그것으로、到底히滿足할수는업섯다。

로ㅣ자는、自己의몸을、그대로밧치어、그들을爲하야、努力하겟다고생각하엿다、예수가、우리들의罪를救贖함으로써、永遠한天國의幸福을、우리에게주기爲하야、이世上에出生하야苦痛을밧앗스며、또는、十字架上에、죽기까지함과가티、로ㅣ자自身도가난한사람들을、慰勞하고、도아주기爲하야、眞心으로、몸을犧牲하야、努力하고십다는希望을、마음의뿌리에、굿이늣기엿다。

로ㅣ자의사는거리에、慈善病院이잇섯다。그것은、勿論、가난한사람들을爲하야、設立한것이다。그곳의看護婦는、모다修道하는女子、밧구어말하면、報酬를밧는것도안히고、몸을犧牲하야、오작、病人을看護하랴는뜻으로、이世上을버리고、즐거움을버리고、富를버린女子들이、從事하고잇는것이엇다。

로ㅣ자도、또한、그아름다운衣服을벗고、宗敎的生活로들어가、그러한修道女의한사람이되여、自己의몸을犧牲하야、苦痛을밧는사람들의兄弟가되며、어머니가되고십다고、생각하엿다。

그러나、엇더케하야、自己의家族을、버릴수가잇스랴? 엇더케하야、그러케까지、自己를、사랑하여주시는、아버지와어머니를、떠날수가잇스랴? 그러

로ㅣ자의 犧牲

—佛國美談、巴里의花—

抱宇 譯

그少女는로ㅣ자라고불럿다。로ㅣ자는、봄에나핫다。그러고、그때에는、꼭十八歲이엇다。薔薇빗의리봉을、맵시나게얽은、아름다운金髮과그의마음의밋흘보는듯한、사랑이가득한、水晶과가티맑은눈瞳子를가진로ㅣ자、는참으로、그일홈에相當한、少女이엇다

로ㅣ자는、봄의아름다운、한송이쏫과、가탓다。그리하야사람들은、로ㅣ자의아름다틈을、稱讚하나그러나、그것으로因하야、自然의美를、損傷하지나안흘가하야、두려워하엿다。로ㅣ자의善良한性質은로ㅣ자의周圍의모든사람들을、幸福하게하엿다。로ㅣ자는、그家族에對하야 보드랍고 아름다운太陽의빗과가탓다。

富者인兩親을、가진로ㅣ자는、自己가願하는모든歡樂을、엇을수가잇섯다。專用의自動車는、設備하야잇섯고、每年、兩親과함씌、그나라의만흔都市와名所를、旅行하엿다。

그러나、이모든것의榮華와、旅行이나、歡樂도、로ㅣ자를、滿足식히지는못하엿다。로ㅣ자는、善良하엿다。그리하야、自己의周圍에、너머도、만흔悲慘한事實이、存在함을보고는、퍽苦痛하게、생각하엿다。가난한사람을볼때에、로ㅣ자는、그富를、붓그러워하엿다。그리하야、自己혼자서、너머도、만흔財産을、가지고잇는것을、謝罪하기爲하야로ㅣ자

사람을• 부러워하야서는、안된다。

그러고、나는、前에는、富者이엇다。그러나、나는、당신네들을、救하기爲하야、가난하게되엿다고。당신의兄弟들을爲하야、당신의몸과마음을、밧치시오。그러고、主예수의말슴하신、다음의것을、니저서는안됨니다。

『가난한者는、福이잇나니、天國이、저희것이니라。餓어하는者는、福이잇나니、저희는、慰勞함을바들지니라。』

로ㅣ자들、獻身的으로、사랑하던兩親은、로ㅣ자의所願대로、許諾하야주엇다。그리하야、로ㅣ자는이世上의歡樂에、離別을告하고、괴로운者의母親이되엿다。그리하야、낫과밤으로、그들의벼개곗헤서看護에努力하엿다。

病院의醫士中에는、神을、밋지안는사람이、잇섯다。그것은、그가、아모리、사람의肉體를、解剖하야보아도、決코、사람의靈魂의痕跡쫏차、認定하지못한싸닭이다。그는、이러케말하엿다。

「사람이라고하는것은、즘승과가튼것이다。살(肉)과뼈(骨)로된그身體는、죽은뒤에는、한갓、썩을뿐이다。若干의塵埃外에는、아모것도、남기지안코。』

뎃샨이라고하는그醫士는、로ㅣ자들、매우尊敬하면서도、로ㅣ자의信仰과、또는、그미련하고도、웃으운듯한、信仰으로부터、생하오는、그態度를、嘲笑하지안코는、견듸지못하엿다、로ㅣ자는、微笑하면서、對答하엿다。

「萬一、제가、神과永遠의生命을、밋지안흐면、저는、이世上을버리던지、地上의만흔歡樂을、내어던지지는、안햇겟지요? 그러고、勿論、이病院에들어백혀서、無數한病人들을、看護하던지、그러한모든不幸한者들의、兄弟가되고、母親이됨을、願하지도안햇겟지요?」

醫士는、그것을、비웃으면서、혼ㅣ자말하엿다。

「말하자면、사랑스러운、白痴다。獻身的인白痴야!」

엇던날、不幸한勞働者와、十二歲되는그의兒孩가病院으로들어왓다。두사람은、汽鑵의爆發로因하야慘酷한傷處를、바든것이엇다。形地업시、腹部를썻기워、腸子가들어난、그勞働者는、回復의希望도업시、翌日이되여、죽어버리고말앗다。

兒孩는、可憐한兒孩는、蒸氣로、大火傷을하야、그얼굴에는、참으로、사람가튼痕跡조차、남아잇지고、이離別의悲哀를、父母에게、씨칠만한勇氣를、엇더케하야、가질수가잇스랴 恒常알지못하는사람들의苦痛만을보아도、참아견듸지못하여하는로ㅣ자에게、엇더케하야、그러케까지、善良하고、그러케까지、自己를사랑하시는父母를 괴롭게할수가잇스랴

로ㅣ자는 病人을慰勞하기爲하야 神에게 一身을 밧치고십흔希望과、兩親을、슯으게할가보아、두려워하는근심이、自己의가난한마음가운데에서、激烈히、닷토고잇는것을、感하엿다。

아츰과저녁으로、祈禱할때에로ㅣ자는、神에게、熱心으로、도음을비럿다。三年間이나、로ㅣ자는、만흔苦痛과、煩悶을바다가며、그秘密을、직혀왓다그때에、로ㅣ자는、二十一歲이엇다。兩親이、사랑하는딸의結婚에對하야、머리를、괴롭히고、잇슬때이엇다。

로ㅣ자는、드듸여、兩親에게、그希望을、告白하기로、決定하엿다、그러나、뜻도안할밴더러、또는족음도、그러한態度를、疑心도하지안햇든、로ㅣ자의兩親은、로ㅣ자의이決心에、깁히놀내여、極力으로로ㅣ자에게、그러한決心을、斷念식히랴고하엿다그러고、自己네집의富裕한것으로부터、로ㅣ자의願하는、엇더한富者의男便이라도、가질수가잇다는것과、또는매우幸福스럽게、지낼수가잇슬밴더러、그와가튼境遇대로라도、얼마던지、周圍의사람들에게慈善을、할수가잇다는것等을、說明하야、들려워주엇다。

로ㅣ자는對答하엿다。

「自己의財産의一部分을、가난한사람에게、난우어준다는것은、조흔일입니다。그러나、만흔境遇에、그것만으로는、充分하지못합니다。때때로、自己의몸을、내어던지지안호면、안되는일이잇습니다。不幸한사람들을、救하기爲하야는、저獻身的인、兒孩에對한母親의態度와가티、몸을、犧牲으로하지안호면안됨니다。

저는、제의取하는行爲에依하야、世上의富者들에게、이러케、말하랴고、생각함니다。그것은、第一에、利己主義者이어서는、안됨니다。당신의財産을가난한사람들에게、난우어주시오。萬一、당신이、將次、한우님과가튼、天國의福樂을、어드랴고생각하시면。」

그러고、가난한사람들에게는、이러케말하랴고、생각함니다。부즈런하고、勇敢하여라。決코、다른

악가) 가나를『짐』씨에게소개하매 그는반가히인사를한후 자긔사진에친필로써두어자적어준것이잇습니다그때에여러손님들은제각기두장석장의사진을들고와서 그의친필을밧든중 이것이四十 五十 六十여장이란만흔수효에이르매『짐』씨는이마에흐르는땀을씻스면서하는말이「인제는더쓸수가업습니다」하고웃습듸다 이러케분주한통에도잠간드른나의일홈을닛지안코 마지막으로나에게두장의사진에 서명(署名)을해주는것을볼때에 나는그가얼마나겸손하고온후한지 얼마나위대한인격자인지 곳깨다럿습니다。

아홉시가족음넘어서연주가쯧나자 그는조선호텔에가서잠간휴식한후 열시에써나는경부선렬차로일본으로향해써낫습니다 나는오직그의압길에간데족족건강하야더만흔성공을하기를축수할뿐입니다(談)

긔자의말 사진은「짐발리스트」씨요 거긔씨운굴자들은쪽쪽히보히지는안으나 그가「홍영후」씨에게써준것인데알에에긔록한것과갓습니다

To My. Y. Hong
With Best. Wishes
Efrem Zimbalist

═七十八頁에서계속═

「로ㅣ자여! 그러케까지、훌륭한勇氣를주시는、당신의神을、나도、사랑하고십다、罪人의靈魂을。救하야주시는、당신의神을! 나를爲하야、祈禱하야 나를、도아다고。오오! 로ㅣ자여! 엇지되엿느냐? 무엇、로ㅣ자가、氣絶을하엿구나!」

엷은에ㅣ텔의香氣가、보드랍은夢現의사이를彷徨하고잇던、로ㅣ자를、氣絶로부터、깨웟다。로ㅣ자는、뎃산을向하야、微笑하엿다。그러고、죽은젊은女子와가티、히고、쏘는、찬손을、그의편으로、내어밀엇다。

「나의사랑스러운先生님이시여!」로ㅣ자는、作亂꾸럭이兒孩와가튼口調로、말하엿다。

「저도、亦是纖纖한한個의적은쯧에、지나지못하는것을、뵈이지안흐면 안됩니다。그러나、제가、氣絶한것은、그것은、너머도、意外의슯거움과、깃붐으로、因한것입니다。」

이이야이는、只今부터、數十年前에、巴里에잇섯던、事實談이다。

─쯧─

新女性

乙丑新年號

第三年 第一号

『신여성』 3-1 再版 통권 12호, 을축신년호·신년혁신특별호

쪽수 (추정) 130쪽 | **인쇄일** -(비고 : 판권지 낙장) | **발행일** - | **편집·발행인** - | **인쇄인** - | **인쇄소** - | **발행소** - | **정가** 40전 (비고 『신여성』 2-12 광고 참조)

개량마구자짓는법은 극히간단합니다。마구자를 쪽곰길게하야 남자의양복저구리만하게길게하고 압자락에주머니두개를다는것과 後半에셕를(所用은업고 다만裝飾으로)마는것과 목둘레에 어린애 옷처럼목도리를대는것밧게 아모다른것이업습니다。감을마름새에 그림에잇는것처럼 치ㅅ수는요량하야내서도……이런點線은접는표와 주머니달곳을악게하시도록하려한것이니 마트실때는긔선에는상관마시고 마르시지요 처음에는 벽지조회나 벽로지로본을내여보시는것이좃습니다 압혀 단초는 맛그로보이지안토록 쪽고만쇠고리를결던지그러치안으면 아조 짜꾸미처럼글근단초를다러도좃습니다

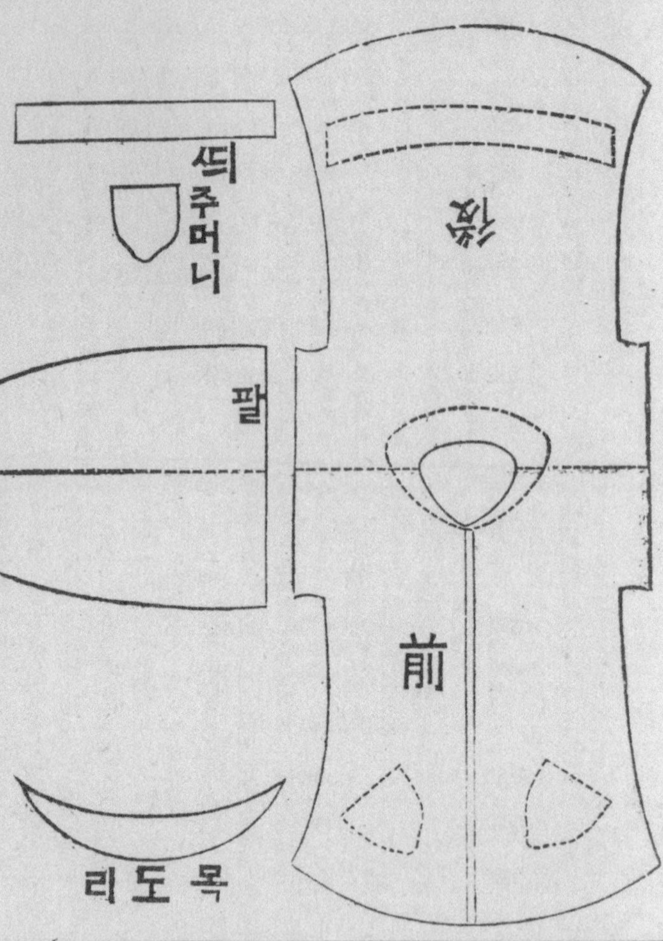

고소리치면서 괴독교교육자와 신자들의행동을 칼로저이이듯통쾌하게비판하는지라 만장청중은 목사들의 타는얼골을보면서 발을구르고 손벽을치면서환호하엿답니다。목사님은 홍당무가되고 처녀는일등상을타고——못판에 심판관은(토론은 비관편이익엿지만 나는 락관편을들겟다)고 공연한소리를하다가 창피대창피——이날에 헐흥늡하전처녀변사느리회목양 창피당한이는 김창석씨

□

밋그러진녀학생한분! 쏫달중순 길마다이어름으로덥힌어느날저녁세 행인(行人)만흔안동마루턱에서 보기좃케밋그러저 한울을처다보고누엇섯든것도창피한데 처마가 늬원스럽게씨저지서 우어매는데 학교표가아모것도업는것보닛가 경성녀자고등보통학교학생갓더라고요

□

과자어더먹은녀자한분! 전라도에서올라온금니박은 녀자한분! 서울구경한목으로 단성사에트러가안젓더니 과자파는아해가 과자와우유차를자조갓다주면서 엇던남자한분이 금니박은녀자갓다주래요 하트라고요남자석에잇는남편이사보낸줄알고 가저오는대로마되트니나중에아닛가 남편은젼여모르는일이드라고요싸가지고온 과자를내외가맛잇게먹엇다나요힛돈은작자는누군지

짜세트代用 둘우맥이代用 改良마구자짓는법

金英順

치운겨울에는 녀자들도 치마저고리우에 둘우맥이를넙고단기지만 거치장스럽고 보기에도좃치못합니다。그럿타고 외투나 만또나 짜게트를 입기는모양도 어울리지못하면서 대단한불경제임니다。

엇더케하면 조선옷감으로 갑싸게 입기편하게겨울웃옷을맨들가하고 여러가지로생각하다가 최근에 한가지맨들어입은것이 여긔세소개하려는것임니다。

감은 조선무명에구동색(茶色)으로물을드리고안은 명주로넣코 솜을너어도 원통합처서 二圓八十錢밧게들지아니하고 맨들기도 보통마구자를죽음길게한것밧게 별로다르지아니하야 맨들기도 퍽 용이합니다。나역시 최근에 처음생각하야 가추고 입은것임으로입어보아가면서 족음식고처가면조흘것이니 그림을참작하서서 의견것고치시는것도조켓슴니다。

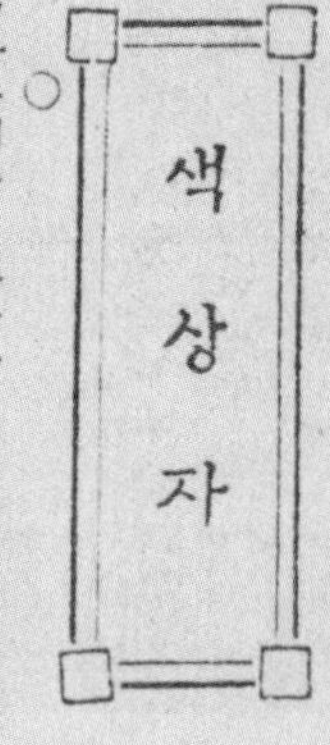

○미국가는녀자 또한분! 서울뎡신녀학교에 오래ㅅ동안교편을잡고게시던 김필례(金弼禮)씨! 년종에 미국으로향하야 류학의길을써나 과세(過歲)도 미주에서하리라는데이번류학은 ○○○을연구하기위하여서라고요

○모신랑한분! 모신부한분! 피아니스트로인출이놉다가 한참동안소문이업던 라뎡옥씨(羅貞玉) 머리희기(白髮)로유명한변호사 최진(崔鎭)씨와약혼되야 혼수금준비에한참밧븐대 혼인날자를아는이는 아주아모도업다고요

○새로일흠놉하진녀자한분! 섯달초순에 서울뎡동례배당안에 그곳엡웟청년회주최로 녀토론회가열렷섯는대 문데는『긔독교신사로 장래를락관하겟느냐 비관하겟느냐』엿다고요 리화학당엡집이라 아모세도 만원되지못해본법이업는집에 이날이야말로송곳(錐)질틈도업시 되엿는데 변사로나온리화학당의청년한분! 학당체면을위하여서라도 락관한다할줄알엇더니 웬걸 웬걸 긔독교의장래는비관이라

新女性

二月號

第三卷 第二号

『신여성』 3-2 통권 13호

쪽수 (추정) 86쪽 이상 (비고 : 영인본에 낙장이 많음) | **인쇄일** 大正十四年一月三十日 (1925.1.30) | **발행일** 大正十四年二月十一日 (1925.2.11) | **편집·발행인** 方定煥 | **인쇄인** 閔泳純 | **인쇄소** 大東印刷株式會社 | **발행소** 開闢社 | **정가** 30전

* 영인본에서 79~82쪽이 낙장되었다.

** 영인본에서 84~96쪽이 낙장되었다.

新女性

三月號

『신여성』 3-3 통권 14호

쪽수 84쪽 | 인쇄일 大正四年二月廿八日 (1925.2.28) | 발행일 大正四年三月十日 (1925.3.10) | 편집·발행인 方定煥 | 인쇄인 閔泳純 | 인쇄소 大東印刷株式會社 | 발행소 開闢社 | 정가 30전

* 영인본에서 14~15쪽이 낙장되었다.

新女性

四月號

第三年 第四号

『신여성』 3-4 통권 15호

쪽수 83쪽 | 인쇄일 大正十四年三月廿八日 (1925.3.28) | 발행일 大正四年四月一日 (1925.4.1) | 편집·발행인 方定煥 | 인쇄인 閔泳純 | 인쇄소 大東印刷株式會社 | 발행소 開闢社 | 정가 30전

新女性

五月號

第三年 第五号

昭和三年二月二十六日(第三種郵便物認可)
昭和四年五月一日發行(每月一回發行)

『신여성』 3-5 통권 16호

쪽수 80쪽 | 인쇄일 大正十四年四月廿八日 (1925.4.28) | 발행일 大正十四年五月一日 (1925.5.1) |
편집 · 발행인 方定煥 | 인쇄인 閔泳純 | 인쇄소 大東印刷株式會社 | 발행소 開闢社 | 정가 30전

新女性

六七月號

第三巻 第六号

『신여성』 3-6·7 통권 17호, 육칠팔호

쪽수 81쪽 | 인쇄일 - (비고 : 판권지 일부 훼손) | 발행일 - | 편집·발행인 - | 인쇄인 閔泳純 | 인쇄소 授恩印刷所 | 발행소 開闢社 | 정가 -

서울學校工夫(1)
시골女學生이 서울오면 學課보다 먼저 배우는 것
●一 치마잘너입기 ●二 압머리잘르기
●三 굽놉흔구두신고 거름배오기 ●四 편지쓰기

(2) 공부가 넘어골몰히여 차리고나손물이 압어리안동
싸로고저교리 주착십시길고 급늡혼구두로 쓰러질듯한거
름거리누가보던지 되다못된 중국녀자 그러나 치까가싸
곤것만은 서양밀매음

(3) 그러고入學한지 넉달이못되야 시간표는
마음대로 우여낫코 冊는 工夫가 오렷케렬삼임
니다 의술서돈보내는父兄여러분 學校當局여러분!
써엇더라하나뇨

新女性

八月號

第三卷 第八号

『신여성』 3-8 통권 18호, 단발문제 특집호

쪽수 77쪽 | 인쇄일 大正十四年七月廿八日 (1925.7.28) | 발행일 大正十四年八月一日 (1925.8.1) |
편집 · 발행인 方定煥 | 인쇄인 閔泳純 | 인쇄소 大東印刷株式會社 | 발행소 開闢社 | 정가 30전

大正十三年二月二十六日(第三種郵便物認可)
大正十四年九月一日發行(每月一回發行)

新女性

朝鮮女性의자랑

九月號

女性生活百態

創刊三周年紀念倍大號

『신여성』 3-9 통권 19호,
조선여성의자랑 여성생활백태 · 창간삼주년기념배대호

쪽수 154쪽 | 인쇄일 大正十四年八月廿八日 (1925.8.28) | 발행일 大正十四年九月一日 (1925.9.1) | 편집 · 발행인 方定煥 | 인쇄인 閔泳純 | 인쇄소 近澤印刷部 | 발행소 開闢社 | 정가 特價 50전

인 라 인 { IJ……하-프코-트라인 (Half Court Line) (七　間)
FE HG……써-비스싸이드라인 (Service side Line) (七　間)
EG FH……써-비스라인 (Service Line) (四間半) }

쎈터-마-크 (Center mark) KL

넷트포스트 (Net post) MN (六間四尺)

但「코-트」의區劃은「아웃트라인」의外邊으로함

第二條 「라인」의幅은一寸五分을標準으로함

解 「코-트」는長이七十八尺廣이三十六尺의長方形으로하되其中央部에는「넷트」를치고「코-트」의兩端即「넷트」와平行된線을「쎄-스라인」이라하고「쎄-스라인」의兩端을連結한線即「넷트」와垂直된線을 싸이드라인」이라稱한다

「넷트」兩側으로二十一尺되는곳에또한「넷트」와平行되게건線을「써-비스라인」이라하고其兩端을連結한線을「써-비스싸이드라인」이라고한다 兩「써-비스라인」의中央을連結하야二個의「써-비스썩스」를分割한線을「하-프코-트라인」이라하고兩「쎄-스라인中央點에서「코-트」內側으로四寸假量건點을「쎈터-마-크」라稱한다

「라인」의測定은「하-프코-트라인」을除한外에는總히「라인」의外側을測하야 건는것이니其「라인」은石灰水로標示하는것을普通으로한다

第二章 넷트(Net) 포스트(post) 審判臺

第三條 「넷트」는「싸이드라인」의中央에치되其長은「포스트」外側에서他의「포스트」外側까지六間四尺으로하고高는兩端을三尺三寸五分으로하야可成的水平이되게할事

但「넷트」는次記의條件을具備함을要함

1 充分한長과幅을有하야兩「포스트」와「코-트」에密接되게할事

2 上緣에는幅二寸의白布를附하고網眼은一寸以下로할事

第四條 左右「포스트」는四寸角의柱를標準으로하되其高는「넷트 와同一하게하고「싸이드라인」에서柱의外側까지二尺되게할事

第五條 審判臺는「포스트」外側에서二尺을隔하야設置함

解 「넷트」는아모조록팽々하게치고「쏠」이새지안토록할것이요審判臺는競技에障碍가되지안이하게하기爲하야

大正十四年八月

朝鮮庭球協會制定

軟式庭球規則及解說【一】

金源泰

우리女子運動界에 第一人氣를ᄭᅳᆯ고 또 女學生되신분들의 主力하는運動은庭球임니다
이庭球를이ᄶᅦᄭᅡ지하던規則을좀고치고 또仔細히解說한것이 朝鮮庭球協會에서 나오게되엿슴니다 庭球界 審判하신 분이 거저반다 이朝鮮庭球協會에게시담니다 그래서 압흐로는여긔制定한規則대로實行되리라고함니다
各女學校及庭球에全力을다하시는여러분의參考를爲하야紹介함니다 압흐로는 庭球界가 더一層組織的으로잘되여나갈줄암니다

第一章 코ー트 (Court)

第一條 「코ー트」는下圖와如하規定함

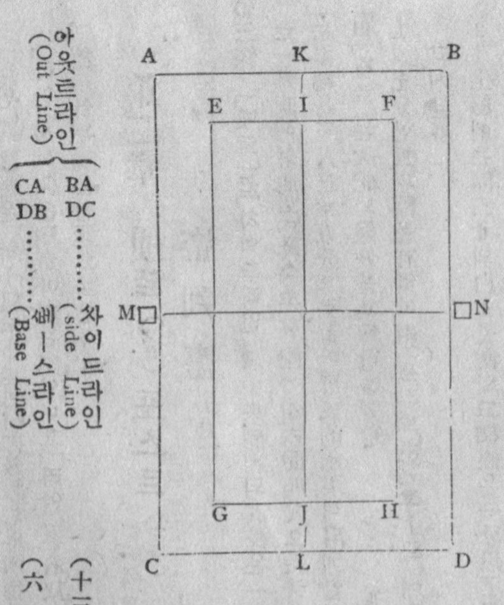

아웃트라인 (Out Line) BA DC ……… 싸이드라인 (side Line) (十三間)
CA DB ……… 뻬ー스라인 (Base Line) (六間)

함을不得함

第五章 게 임 (Game)

第一節 總 則

第十三條 競技者는二人을一組로함

第十四條 競技者는「넷트」兩側에對立하되「게임」最初에「뽈」을打하는組를「써ー버ー」(Server)라稱하고其相對의組를「레시ー버ー」(Reciver)라稱함

第十五條 各셋트初에抽籤或은其他方法에依하야最初에「써ー비스싸이드」를占할組를定함

但「써ー비스싸이드」는雙方合議上豫히此를定함

解 各「셋트」初에돈을던지거나「라켓트」를回轉시켜서그表裏로「써ー버ー」를定하는것임

第十六條 「싸이드」는한「게임」마다交代함

解 한「게임」마다「써ー버ー」가「레시ー버ー」가되고「레시버ー」가「써ー버ー」로交代함

第十七條 競技者는審判長의「레듸」(Rady)의號令에依하야各自取할位置에就한後「푸레이」(play)의號令下에「게임」을開始함

第十八條 計算은失點을計數하되「써ー비스싸이드」로부터함

但「게임」의計算은得點을計數함

第十九條 한「게임」은双方어느便이던지먼저四點을失한時에終了함

若雙方이三點式失할時는「듀ー스」(Deuce)라稱하야其後어느便이던지먼저繼續하야二點을失한時에終了함

但「듀ー스」後雙方이一點式失한時는「듀ー스아게인」(Deuce Again)으로하야更히二點의差가生하도록繼續함

解 처음에一點을失한時에「원」이라하고第二點을失한時에「투」라하고第三點을失한時에「트리ー」라하고第四點을失한時에는「게임」이된다

雙方이다三點式失한時는『듀ー스』라하고其後에萬若「써ー버ー」가一點을失한時는「아드밴테지아웃트」(Advantage Out) 라부르고「레시ー버ー」가一點을失한時는「아드밴테지인」(Advantage in)이라한다若「듀ー스」後에繼續하야한便이二點을失한時는「게임」이되고兩方이各各一點式失한時는「듀ー스아게인」이됨

第二十條 「원셋트」는게임數七回를標準으로함

解 먼저「게임」四回를失한便의負로함

第二十一條 競技中「라켓트」(Racket)는同時에二個以上使用함을不得함 但兩手를使用함은無妨함

解 競技中「라켓트」는一個를使用할것이요兩手로치는것은關係치안이함

「라인」에서二尺을離하야設置하는것임

第三章　뽈　(Ball)

第六條　「뽈」은「껌」(Gum)製로直徑二寸一分五厘重量은七匁五分을標準으로함

但此標準에反한「뽈」을使用할時는雙方主將이協定함이可함

解　「뽈」의體積과重量은從前에쓰든것보다적고가벼워젓스니朝鮮庭球協會에서指定한赤M「뽈」이그中適當한것으로안다

第四章　審　判

第七條　審判者는互相合意로此를定함

第八條　審判者는競技者以外의第三者로함

但不得已한境遇에는雙方이協議하야競技者中에서選任함을得함

第九條　1　審判者는六人으로하야其中二人을主任審判者로하고其外四人을「라인」審判者로함

2　主任審判者中一人을審判長으로하야一切宣告를擔任케함

但二人의主任審判者는「원셋트」(One set)마다交代하야審判長이됨

第十條　審判長은本規則에依하야審判에關한絶對權을行使하되他審判者를適當한處所에配置하야判決의資로함

(附記)　審判長은「포스트」側에位置하고主任審判者一人은他「포스트」一側에位置하고其他審判者는「쎄ㅣ스라인」延長線上適當한處에位置함이可함

第十一條　「뽈」의「인」(In)「아웃트」(out)는「뽈」의落下點으로써判決함

但「뽈」이「라인」에觸한時는코ㅣ트」內에入한것으로認定함

(附記)　「써ㅣ비스」의境遇에도此에準함

第十二條　審判者에게異動이生할時는雙方主將의同意를要함

解　「뽈」의「인」「아웃트」를볼때에主任審判者는各其自己便의「싸이드라인」만보고「라인」審判者는自己位置에서最近한「쎄ㅣ스라인」의半分式分擔하야보되審判長의눈에잘보히도록「인」或은「아웃트」의擧手標示를迅速히할事

一方의便이審判者에게不平이잇슬지라도其審判을變更

月刊雜誌

新女性

十月號

第三卷 第十號

大正十[illegible]二月二十六日（第三種郵便認可）
大正十四年十月一日發行（每月一回發行）

『신여성』 3-10 통권 20호

쪽수 120쪽 | 인쇄일 大正十四年九月廿八日 (1925.9.28) | 발행일 大正十四年十月一日 (1925.10.1) | 편집 · 발행인 方定煥 | 인쇄인 閔泳純 | 인쇄소 海英社印刷所 | 발행소 開闢社 | 정가 40전

大正十三年二月二十六日（第三種郵便物認可）
大正十四年十一月一日發行（每月一回一日發行）

月刊雜誌

新女性

新女性煩悶號

第三卷 第十一號

『신여성』 3-11 통권 21호, 신여성번민호·십이월합병호

쪽수 80쪽 | 인쇄일 大正十四年十月二十八日 (1925.10.28) | 발행일 大正十四年十一月一日 (1925.11.1) | 편집·발행인 方定煥 | 인쇄인 閔泳純 | 인쇄소 海英社印刷所 | 발행소 開闢社 | 정가 30전

大正十三年二月二十六日(第三種郵便物認可)
大正十五年一月一日(每月一回發行)

新女性

現代女性新所望

新年號

世界偉人戀愛觀

第四卷第一號

『신여성』 4-1 통권 22호, 현대여성 신소망 신년호

쪽수 104쪽 | 인쇄일 大正十四年十二月二十八日 (1925.12.28) | 발행일 大正十五年一月一日 (1926.1.1) | 편집 · 발행인 방정환 | 인쇄인 민영순 | 인쇄소 해영사인쇄소 | 발행소 개벽사 | 정가 30전

月刊雜誌

新女性

二月號

第四卷 第二號

大正十五年二月一日發行（每月一日一回發行）

『신여성』 4-2 통권 23호

쪽수 80쪽 | 인쇄일 大正十五年一月二十九日 (1926.1.29) | 발행일 大正十五年二月一日 (1926.2.1) | 편집 · 발행인 方定煥 | 인쇄인 閔泳純 | 인쇄소 海英社印刷所 | 발행소 開闢社 | 정가 30전

* 목차에는 저자명이 "懷月"로 표기되었다.

新女性

三月號

第四卷第三

『신여성』 4-3 통권 24호

쪽수 83쪽 | 인쇄일 大正十五年二月二十八日 (1926.2.28) | 발행일 大正十五年三月一日 (1926.3.1) | 편집 · 발행인 方定煥 | 인쇄인 閔泳純 | 인쇄소 大東印刷株式會社 | 발행소 開闢社 | 정가 30전

옛날의련애와 지금의련애

感氣는
婦人病을媒介
무서운婦人病도
조금만注意하면
防止됩니다。

喜谷實母散
을항상끈치안코
愛用하시는女性
이야말로、健康
이約束됩니다。

婦人良藥

喜谷實母散

新女性

正十三年二月二十六日（第三種郵便物認可）
正十五年四月一日發行（每月一日一回發行）

第四卷第四號

『신여성』 4-4 통권 25호, 여학생호

쪽수 94쪽 | **인쇄일** 大正十五年三月二十八日 (1926.3.28.) | **발행일** 大正十五年四月一日 (1926.4.1.) | **편집 · 발행인** 方定煥 | **인쇄인** 閔泳純 | **인쇄소** 漢城圖書株式會社 | **발행소** 開闢社 | **정가** 30전

는둥이굽더니 지금은남자이상으로 활발하야 체격파자세가 다바르며 이전에는 머리에기름을만히바르고 고르는방법이 일본녀자비슷하게하더니 근래에는 머리에기름을 그다지바르지안코 압머리를 고불고불하게하야 이마를조곰덥히게하며 구두도그전에는 굽놉흔것은 잡아약을하랴도 볼수가업더니 지금은한류행이된것갓습니다。지금의녀학생들은 겨울이면은 의례히자색짜켓트입고 자색목도리를 포대이모양으로 두르고다니지만 이전에는 겨울에도 우산을밧고다니엿습니다。지금에는 녀학생의치마가짜르고저고리가길지만은 이전에는그와반대로 저고리가짜르고치마가기럿습니다。혁대도쎈일이업고 긴양말도별로 신지안엇습니다。분도조선분을약간발럿고 지금처럼갑이비싼외국분을 바르지안핫습니

양그러운밋기에고기가죽는다

다。다만외형뿐이겟습닛가사상파주의도 놀날만하게변천이되얏습니다。우리공부할때만하야도 련애라는것은 문자도잘알지못하얏습니다만은 지금의학생들은 편발의처녀라도 자유련애를 곳잘주창합니다。연단에서도 공공연하게말을하고 글로도당당히주창합니다。현처양모(賢妻良母)의주의는 벌서썩은주의로알고 무순주의무순주의하는 새주의를노래하고찬양하는모양입니다。그리고 전보다도 허영심파사치의풍이느러가는것갓습니다。또공부의명도로말하면이전보다헐신놉하지고 실디가만하진것은 물론임니다。

新女性

五月号

第四卷 第五號

『신여성』 4-5 통권 26호

쪽수 81쪽 | **인쇄일** 大正十五年四月二十八日 (1926.4.28) | **발행일** 大正十五年五月一日 (1926.5.1) | **편집 · 발행인** 方定煥 | **인쇄인** 閔泳純 | **인쇄소** 漢城圖書株式會社 | **발행소** 開闢社 | **정가** 30전

編輯室	編輯室로부터	81
신	편즙을 맛치고	

판권지

新女性

六月号

『신여성』 4-6 통권 27호

쪽수 81쪽 | **인쇄일** 大正十五年五月三十一日 (1926.5.31) | **발행일** 大正十五年六月一日 (1926.6.1) | **편집·발행인** 方定煥 | **인쇄인** 閔泳純 | **인쇄소** 漢城圖書株式會社 | **발행소** 開闢社 | **정가** 30전

新女性

七月号

『신여성』 4-7 통권 28호

쪽수 85쪽 | **인쇄일** 大正十五年六月三十日 (1926.6.30) | **발행일** 大正十五年七月一日 (1926.7.1) | **편집·발행인** 方定煥 | **인쇄인** 閔泳純 | **인쇄소** 漢城圖書株式會社 | **발행소** 開闢社 | **정가** 30전

* 부득이한 이유로 기사 중 30행이 삭제되었다. '三'에 해당되는 내용이 삭제된 것으로 짐작된다.

新女性

八月納涼号

第四巻第八號

『신여성』 4-8 통권 29호, 팔월납량호 · 여학생방학호 겸 농촌부인호

쪽수 86쪽 | **인쇄일** 大正十五年七月三十日 (1926.7.30) | **발행일** 大正十五年八月一日 (1926.8.1) | **편집 · 발행인** 方定煥 | **인쇄인** 閔泳純 | **인쇄소** 大東印刷株式會社 | **발행소** 開闢社 | **정가** 30전

有名한醫學博士森田資孝先生의御推奬

頭痛에는奇妙하게잘낫는ノーシン(노ー신)

ノーシン 노ー신

이러한때에는곳「노ー신」을

頭痛으로머리가갈너지는것갓치몹시압흐거나반울로쑤시는것갓치머리가압흐거나엇전지머리가무겁고허릿〳〵하거나골치가내들이거나或은過度의讀書事務工夫撤夜映畵觀劇後等에輕疲를머리에感할때或은술을過飮한餘毒또는船車에醉하야피로움때에는꼭노ー신을단한봉만잡수워보십시오

놀래리만치곳머리가明快해지는

ノーシン의効果은참놀래리만치곳알수잇소 只今당신께서ノーシン을잡수신것갓치생각나지안으리만큼쌔긋하게압홈이사라저버려맛치暗闇으로救出된듯이머리는아주明快해지고생각하는바愉快하게事務工夫家事等이아주잘進行됩니다엇더케適하고잘듯는가그것은나날이느려가는愛用家에依하야잘證明됩니다

더욱 家庭常備藥品으로 언제나 써러추지못할뿐아니라 이러한良藥은 아모조록 우리同胞에게 만히宣傳하여서頭痛에苦生하는분이게시거든 꼭 이노ー신을服用하도록가라처줍시다

노ー신은 어느곳을勿論하고 各處藥商店에잇습니다 요사이 노ー신과 비슷한 藥品이만히나왓사오니 잘못하면 속기가쉽습니다 사실때 登錄商標帽子印이잇는ノーシン에注意하십시요

갑 四包入 二十錢 / 七包入 三十錢 / 十三包入 五十錢 / 二十八包入 一圓

◎頭痛에는 백발백중으로나 술뿐아니라 平時에도잡수시면 머리가아주明快해집니다!

名古屋市東區京町二丁目

發賣元 荒川長太郎合名會社

振替名古屋七五三番

新女性

創刊三周年紀念號

大正十五年九月一日發行（每月一回一日發行）

九月號

第四卷第九號

『신여성』 4-9 통권 30호, 신추특별호·창간사주년기념호*

쪽수 94쪽 | 인쇄일 大正十五年八月三十一日 (1926.8.31) | 발행일 大正十五年九月一日 (1926.9.1) | 편집·발행인 方定煥 | 인쇄인 閔泳純 | 인쇄소 朝鮮印刷株式會社 | 발행소 開闢社 | 정가 30전

* 표지와 목차, 권두화에는 잡지 별칭이 "創刊三週年紀念號"라고 기재되었으나 사실 '창간4주년기념호'가 적절하다. 참고로 『신여성』 3권 9호(1925.9)의 별칭이 '창간3주년기념배대호'였다.

新女性

大正十三年五月二十六日（第三種郵便物認可）
大正十五年十月一日發行（每月一回一日發行）

第四卷第十號

十月涼秋號

『신여성』 4-10 통권 31호, 십월양추호

쪽수 84쪽 | 인쇄일 大正十五年九月三十日 (1926.9.30) | 발행일 大正十五年十月一日 (1926.10.1) | 편집 · 발행인 方定煥 | 인쇄인 閔泳純 | 인쇄소 朝鮮印刷株式會社 | 발행소 開闢社 | 정가 30전

* 「보고에 대한 녀학생의 공개장」, 「색상자」, 「녀성계소식」 일부가 삭제되었다.

補血·補骨·强精

藥價一劑十圓

世界的漢方强壯劑

精力減退·胃腸衰弱 神經衰弱·肺弱貧血에는

漢方補藥百補丸이 第一

▲百補丸은 純粹한漢方强壯劑로서 그卓越한効力은임이 一般服藥家諸位의 激賞絶讚하는바이며 信用과賣上이 또한 朝鮮藥業界의 第一位를 占領하고잇습니다

▲이것은 百補丸이 一般洋藥과달나 그効力이 一時的이 아니고 永久的이며根本的으로 身體各部特히 胃腸과 生殖機能、神經、肺經等의 生活機能을 復活生新케하야 體力이增進되고 食事가倍加되고 陽氣가倍加되는까닭입니다

男女老少

◉元氣가不足한분陽氣가衰弱하는분
◉胃腸이弱하고 口味와食慾이업고 飮食消化가안되는분
◉神經이衰弱하고 記憶力이減退되는분과 肺가弱하고貧血症이잇는분
◉手足과下초가冷하고 肢節腰痛이잇는분
◉過飮過色人咳嗽가잇는분 活氣가업고 여위고 早老하는분은 即時百補丸을쓰시요 全身五臟六腑를다 完補합니다

京城 堅志町 平和堂株式會社藥品部 振替五番 電光六三二番

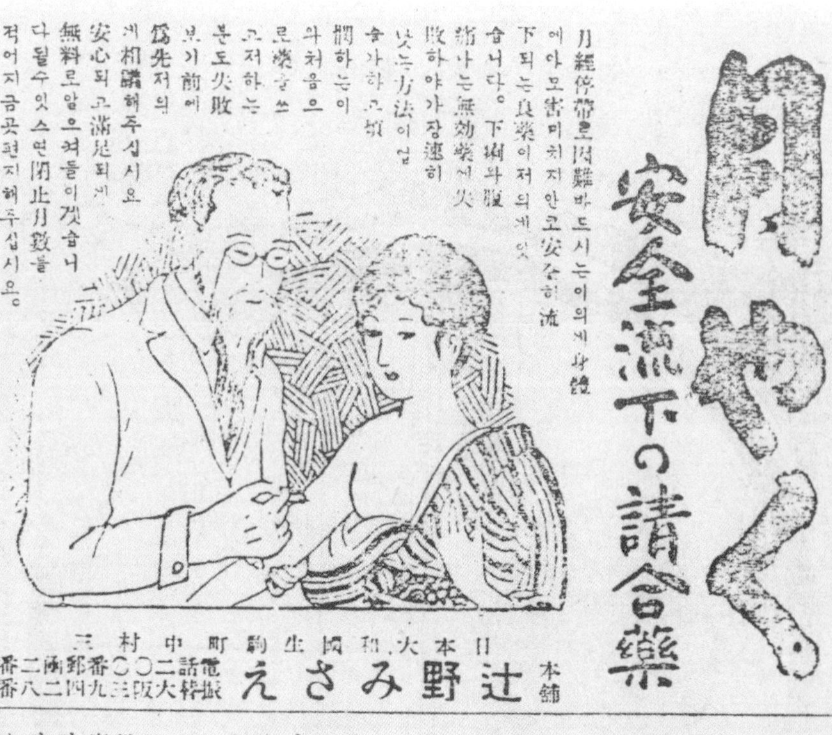

月やく
安全流下の請合藥
月經停滯로困難바드시는이의게身體에아모害미치지안코安全히流下되는良藥이저의게잇습니다。下劑와腹痛나는無效藥에失敗하야가장速히낫는方法이업슴가하고煩悶하는이와처음으로藥을쓰고저하는분도失敗보기前에爲先저의게相議해주십시요安心되고滿足되게無料로알으켜들이겟습니다될수잇스면閉止月數를적어지금곳편지해주십시요。
日本大和國生駒町中村三
本舖 辻野みさえ
電話二〇〇番郵函二番
振替大阪三九四二八番

◉服用實驗者의禮狀 (一例)

◉夫君과共히大喜悅

(前略) 從速히親切한書信과藥을下送해주서서去十日에藥을바더곳服用한結果三日만에流下하얏습니다夫君과共히크게깃버합니다당신네의藥이高貴且效力偉大한것을感謝하게생각합니다。爲先감사한뜻을이것으로써表합니다。

釜山府大廳町 金○淑

◉感謝를表할뿐

拜啓冠省 前日여러가지로手苦를끼치고藥도곳보내주서서即時服用한結果二日저녁부터完全히流下하얏슴으로實로말할수업시깁부바이올시다。이것이다貴網의德임으로다만感謝를表할뿐입니다。

平北江界郡前川市 白○女

◉깁븐날을보낼뿐

(省略) 藥의效果가特有함에놀남과共히당신의用心을마음속으로感謝히역이고잇습니다나는每日근심으로歲月을보내고잇섯습니다만은藥의效果가보인다음부터비오다개인것처럼晴々하게깁부날을보낼뿐입니다이것이모다당신님의德澤임으로感謝를마지안는동시에今後는이런苦惱으로지나는이의게알으킬려고생각하고잇습니다。

琦玉縣八田郡水富村 野○清○

◉後日또다시

險禮言 日前대단히手苦를끼치여매우未安합니다저는大端히重症이엿섯는데보내주신藥지을服用한五日만에效果가보이엿습니다우어라고人事를들여야조흘는지다만감사하다고해두두것습니다後日도수고를끼칠는지몰으오니그때에다시잘가르켜주시기를바라고맛칩니다。

安東縣四番通一丁目 三○○子

新女性

第五卷 第一號

新年號

1931

VOL.V. No.1

十

開明社發行

『신여성』 5-1 통권 32호, 신년호

쪽수 119쪽 | 인쇄일 - (비고 : 판권지 훼손) | 발행일 - | 편집 · 발행인 方定煥 | 인쇄인 田畯成 | 인쇄소 朝鮮印刷株式會社 | 발행소 開闢社 | 정가 -

* 영인본에서 8~9쪽이 낙장되었다.

* 金昶濟, 李光洙, 方定煥.

鮮文人中에 푸로文人은 한칭더합니다。 밥먹기가 그러케 어려울뿐아니라 時代에 압서나아가는 사람들의 通例에 빠지지아니하고 여러가지로受難이 만습니다。

둘재로 나도 文人축에 끼일수가 잇는지 그것이 내 스사로도 의문입니다。 昨年 一年동안에 發表한 作品이라고는 戲曲과小說을合해서 단 十餘編남짓한것임니다。

그 十餘編남짓한것이 또 얼마만한 우리게급의사람이 읽엇느냐하는 생각을하면 붓을 분질너바리고십게 안타갑습니다。

결국생각하면 푸틔·뿌르들의「그로」趣味만을滿足식힌데 지나지못한가합니다 (그들은「그로」趣味로 우리의作品을 만히읽는듯합니다)

셋재로 나는 이러타고할 興味잇는 私生活이 업습니다。 前과달너 지금은 술도 別로 먹지아니하니까 더욱히 生活이 單調합니다。

나는勿論 자라기를 푸틔·뿌르로 자란지라 아직도 그等의 習性이나 感情을 淸算치못한 點이 多分히잇습니다。

그리하야 이두어지지못하는 愛慾에 짜장 괴로움을 밧는일도만코 그것을 이즈려고 폐퇴한 娛樂을 耽求하야 마지아니하는일이만습니다。

誌上映畵……西部戰線은異常업다 (1)

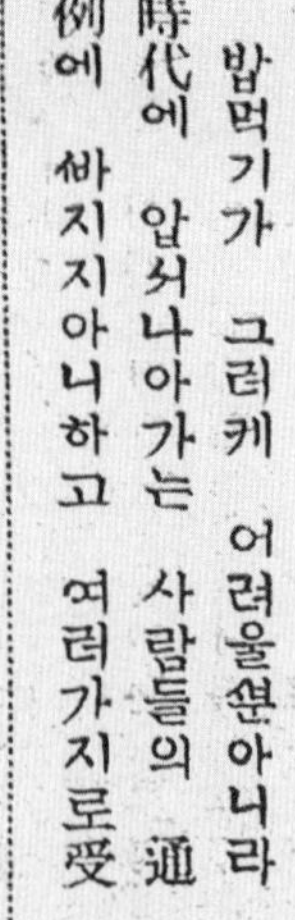

新女性誌上映畵切拔

第一圖

에릭크 마리아 레맑크 原作

西部戰線異常업다

全十七卷

世界的大評判을바든 獨逸靑年 에릭크·마리아·루맑크의 戰爭報告小說을 아메리카의유니버살映畵會社에서 映畵化식힌것이다

이小說은 歐洲大戰에參加하엿든 十九歲된靑年義勇兵이 形容도업시 誇張도업시본대로의戰禍의慘憺한것을 忠實히 피로써쓴것이다。 임의全朝鮮에서도 널니읽혀젓슴으로 길게說明하지할必要가업스나 아죽못읽으신분을爲하야 映畵의梗槪를紹介한다。

이映畵는十七卷이나되는長篇이다。 畵中砲彈의炸裂하는소리! 互獸와가튼破壞機의躍進하는소리! 戰死者의斷末魔! 친구를부르는소리! 祖國을부르짓는소리! 그리고 그리운어머니를찻는젊은이의悲號! 보는이로하여금 눈물을자어내지 안치못하게하며 그慘酷한데 눈을가리고 그橫暴함에憤내지아니치못하게한다。 참으로 뼈속으로파드러가는듯한 實感과이울너 그에關聯된모든問題를이映畵는觀衆에게준다。

이른봄어느날밤子正이나된째엿습니다 간신히하루일을마치고 그대로자리에 그러지안어도 流感으로해서 보통때 누어서 夢國에집히잡겻슬때 누군지 보다患者가만하 커틱해가넘어가도록 외마데소리가튼 목소리로부르지즈며 聽診器를노치못하고 疲困한머리로、大門을흔드는소리가 잡에뭇친나의귀 거의無意識하게診斷을하다십히하다가 를쌔렷습니다。

歐洲大戰西部戰線의싸홈이나날이익어갈째——

獨逸 어느시골에잇는 學校의 들창밋흐로 戰場에나아가는 大部隊의軍士들이 行進하고잇섯다

그敎室에서는 老先生 칸토렉이 學生들에게 愛國主義를宣傳하고잇섯다。大進軍의雜沓과칸토렉의演說에 學生들의 젊은英雄主義는 가슴에 타올나그길로달녀가서 軍隊에들어가기를志願하엿다。

포울、알써ー트、켐메릿흐、뮬러ー、쌔ー무、피ー터들도그틈에이웟잇섯다。

그들은戰爭이어썬것인지 얼마나두렵고 참혹한것인지 도모지몰낫다。다만 나라를爲하야나가싸호고 그미운敵을처물니칠것만을 생각고잇섯다。

學校를마치고 A에서開業을한지도 不過얼마안되는나젊고經驗도업는白面醫師이엿습니다만은 마음만은世界名醫가別수잇느냐 誠心誠意 最善을다하면 누가名醫가아니겟느냐? 하는 錯覺感情을품고잇든 나엿습니다。그러나전에도 두세번 밤중에急한病者가잇서서 往診간일이잇섯습니다만은 이러케 눈비쌔리는밤에 나슨일은업섯습니다。자리에누어서 문흔드는소리를듯는나의마음은 여러가지로 망성거려젓습니다。첫재 고단한잠! 둘재 무시무시하게들니는바람소리와 비소리! 갈가? 말가? 나의마음은 갈피를못채렷습니다。그러자 겨테서 자든안해도잠을쌔엿습니다。

『커러케 비오는밤에차저와서 대문을흔들며 소리를질늘때는 아마 몹시危急한病者가생긴모양이니 나가보시구료』안해의이말에 어릿하여젓든 나는가슴이써르르해젓습니다。그러나 따뜻한자리를容易히뜨고십지는안어서 안해에게『당신이좀나가보시요』하고

과가트니 그리알나는것과 産母의骨盤이좁음으로 애기는帝王手術을하지 안으면못끄내겟는데 그러치안코끄내려면 애기를잘나서끄내지안으면 안된다는것을말하고 萬一이러케하여서—産母의生命이救해진다면 거의奇蹟이랄것이라고말하엿습니다。 나의말을드른 집안식구 (그는初産이엿슴으로親家에와서해산을하든것입니다) 들은애기를잘나서라도 産母를살녀달나고합니다。 또그가危重하다는말을듯고와잇든남편되는사람(二十三四歲되는靑年이엿슴니다)도 그러케하여달나고합니다。 그래서 그들의承諾을밧고 우선産母에게應急手當을베풀고 애기를잘나끄내엿습니다。

이리하야 아모잘못업시産兒를모다끄내엿슴니다만은 昏睡狀態에잇는産母가 정신을채리지를안습니다。 事實로그때처럼 誠意껏일에當하기는처음이엿슴니다。 당황해지든머리도점점진정이되여 冷靜해지고 차근차근해젓습니다。 온갓方法을 할수잇는대까지 다하야 애를썻스나 結局은水泡로도라갓습니다。 밝은날아츰 열시경에그는열여섯살을一生으로 아까운죽엄길로떠낫습니다。

이때처럼나에게無念한때는업섯슴니다。 그리고 그들家族들을볼낫이업섯습니다。 그러나 萬一에 그들이 한열시간만빨니 醫師를請하엿드라면하는생각이불연듯낫습니다。 그리는한편으로「나도結局은사람하나를잡엇구나

誌上映畵…西部戰線은異常업다 (3)

그리고 軍隊에서는 나라를爲하는 끌는듯한마음에서 뛰여온 自己들을반가히마저주고 親切하게대접하여주리라고 밋고잇섯다。

그러나 뜻밧게 그곳에는 所謂人情이라거나 親切이라는것은 털끗만치도 업섯다。 다만쇠보다도 더욱엽고 찬 規則뿐만이잇섯다。 事實 그곳에는한가지도 그들이 생각하엿든바와 가튼것은업섯다

入隊한 첫날밤! 일즉이 그네들의시골에서 郵便配達노릇을하든 힘멜스터스라는者가 嚴格한曹長이되여서—그들압헤 나와섯다。

그리고苛酷한訓練을 힘멜스터스에게밧고 速成의그들은戰場으로실녀여갓다

百名 弟子를 거느리고 누구에게나 先生님이란稱號를 밧는것만하드래도 여간한 待遇라아늘수업다 호랑이도 제색기를 귀애해주는사람을 害하지 안는다고 귀여운 자긔네 子弟를마더 가르키고잇는사람을 尊待하는것은 오히려당연한 일일던지도 모르나 그러나 女敎員生活이 果然神聖하고 幸福된것인지 또는다른女子職業에比하야 品位가高尙한것인지 이제내가 숨김업시 이야기하는 經驗談을 들어보기바란다。

誌上映畫……西部戰線은異常업다 (4)

混亂하기짝업는 戰線後部輸送所에서 포울들의新兵은 最初로 彈片을보앗다。

그리고 그들은 그곳에잇는老兵에게 먹을것을달내다가 嘲笑만當하엿다。古參兵中에서한목보는 가진스키라는兵卒이 그들에게도야지를훔처다가 그것을구어먹도록하여주엇다。事實로 시장하엿든 그들에게는 그것이 더우에업시맛이잇섯다。

포울과 그外의新參兵들은 비로소 戰場에登場하엿다。처음으로 그들이마튼任務는 鐵條網을펴는것이엿다。天空과大地에 激烈한砲火가轟然한 그中에싸혀서 그들은 가진스키ー의指導下에、넉술일허가면서도 서투른任務를다하고잇섯다。

◇

나도 普通學校 女敎員生活을한지가 발서三年째된다。面書記나 普通學校訓導는 한번 인이박히면 어데를가도 特別한臭가잇서서 표가난다는말을들엇스나 나는 아즉 인까지박히지는 안엇다는 自信이잇느니만치 敎員의 正道에발을 드려노치못한모양이다 그러기에 이러한것을대담하게 쓰고잇는것이다。

普通學校를 얼는 알어듯기쉽게말한다면 大家族的 싀집사리라 할수잇다。

우에 校長이라는 무서운 싀아버지와 敎務主任이란 시어미를 비롯하야 十餘名이나되는 男女敎員들이 혹은媤叔 혹은 싀동서나올케의 職分을가지고 벗틔고안젓다。

게다가 그媤叔과 동서들은 제마다 數十名식의 子女를거느리고잇서 그 아희들 사이에는 매일가티 싸홈과

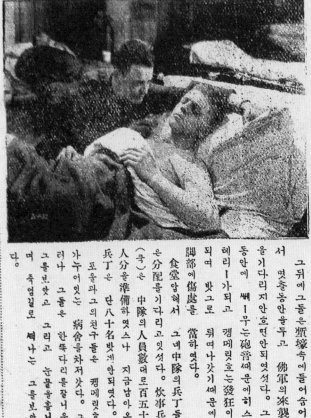

키고 唯唯服從하야 求命圖生을 하는수밧게업스니 우리女敎員들이란더 말할것도업다 그래서 敎員이란「가다에하마두」하고 小人的敎員臭가나는지도몰은다。

그것은그러타치고 女敎員이니만치 얼핏하면 戀愛風聞이 잘생기게되는데 萬一한學校에잇는 職員間에 戀愛關係가 생기게되면 그눈치를 채이기가밧부게 校長이란者는 自己로서는 가장正當하고 道德的이라고밋는 分離運動을하야 또한가련한 戀人은에웃는 사랑을 가슴에안고 멀니귀양을가야한다 그리고 갓티잇는 女敎員이누구하고 戀愛를한다는 눈치가 보이면(또는공연이)一種의猜忌와嘲弄을석거 野卑하게구는男敎員들의 처신업는꼴이란 참아볼수가업다。 속으로「늙어죽도록 敎員노릇이나 해먹고살어라」하고 악을쓰리만치얄미옵다。

그뿐안니라 女子라고 만만하게생각하고 대가리가 좀 굴직한 五六學年男生徒들놈까지 혹唱歌時間 끝때들어 면 말도잘듯지안코 실업시싱글벙글하고 제법 놀녀먹으려드는걸 보면 그놈들을 당장삽어먹고십게분한생각에 粉筆을내던지고 宿直室로 뛰여드러가서 울어바린일까지 잇섯다。

그러나 天眞스러운 어린이들의어머니가되고 누나가되야 코를을씻서주며 우는놈을달내여가면서 손벽을

誌上映畵····西部戰線은異狀업나 (5)

그뒤에그들은塹壕속에들어숨어서 몃출동안을두고 佛軍의來襲을기다리지안흐면안되엿섯다。 그동안에 빼ㅣ무는砲音때문에히스테리ㅣ가되고 켐메릿흐는發狂이되여 밧그로 뛰여나갓기때문에 脚部에傷處를 當하엿다。

食堂압헤서 그네中隊의兵丁들은分配를기다리고잇섯다。 炊事兵(쿡)은 中隊의人員數대로百五十人分을準備하엿스나 지금남아온兵丁은 단八十名밧게안되엿다。

포올과 그의친구들은 켐메릿흐가누어잇는 病舍를차저갓다。 그러나 그들은 한쪽다리를잘니운그를보앗고 그리고 눈물을흘니며 죽엄길로 써나는 그를보앗다。

優는만치만 정말女俳優다운女俳優ㅡ 나로서는 퍽이나 궁금합니다 그外 技藝로보아서ㅡ는업다고해도是非를안 진말이야 客談이고 이제로부터 女 이들을것임니다。 그러나 前後에出沒 俳優로서의 내生活을적어보렴니다。 하든 그만흔女俳優들이 지금은 무 女俳優가女俳優의生活을한다는것은 얽하고잇고 무얼먹고사는지 新出인 劇이면劇 映畵면映畵가相當히地盤이

誌上映畵……西部戰線은異常업다 (6)

그뒤포울은 敎會堂附近의大激戰에팔을닷치엇다。 그리고爆破새문에생긴 土穴속으로砲火를避하야숨으러들어가자 뛰여들어오는佛蘭西兵丁을칼로찔넛다。

밤새도록 포울은죽어가는佛蘭西兵丁엽헤안저서 後悔하고 또懺悔하엿다。事實그와그들個人사이에야 죽이지안으면안될 우순혐의가잇섯든가! 그러나 그는그들을쩔너서죽엿다。 그는 호로고호로는눈물을 진흙무든소매로씻고또씻엇다。

포울의친구들은 占領한村落을과수하다가 運河물에들어가沐浴을하다가 언덕으로지나가는 佛蘭西시악시들에게 비로소 異性을늣기게되엿다。

잇고 繼續的으로興行을해나가야 잘 되엿든못되엿든 純全한女俳優의生活이될터인데 그러나 어듸朝鮮에서는 女俳優가女俳優의生活을할수가잇게되엿슴닛가 그러니 엇더한因緣으로女俳優의일홈을어덧는지한번 그일홈을엇기가 무섭게 所聞이나서 다시는取消도할수업게 됩니다그러 그러니어듸매인데가업시 지내게되니 事實自己家庭에서 如干한監督이업서가지고는 墮落안된다는것이奇蹟이라하겟지요 그러나무슨생각으로 女俳優를志願햇든지 처음에着實치못한 얼는말하면 바람이신處女가 女俳優가되엿다면 結局은墮落밧게다른길은업고所得이라고는아모것도업시 잘못하면結局墮落밧게못됨니다 그러나 誤解하시가쉬울가하야말슴임니다墮落이된다는것은 앗가말슴한것가티 한푼버리라도 繼續되는興行處가업는까닭에달니엇더케 먹고살나니까 말하자면副業을잘못하면 영영墮落이되고만다는것임니다 그들을총이나辱할것이안

朝鮮사람中에서 第一불상한女俳優가 生活이넉넉할리업슬것은물론이고 틈잇는대로 집안일거드러주기 마치學校에단이는女學生과그生活이닮으다면 분바르고나서서 남의구경거리노릇을 한다는것이지 별다를것은업슴니다。 그러나 여러분이 번연히아시면서도 아시고십흐신것은 바람동이女俳優의 生活이겟지요 아마여긔新女性에한題目을차지한까닭도 거긔잇지안흔가합니다 그들의생활이야 말해무엇합닛가 다만 朝鮮의女俳優生活로는 虛榮心을滿足식힐수업스니 쎤짓을하는것이야 쎈한일인데 만약그런이약이가트면 나는 그들의그속속드리生活을알수도업거니와 避하고십습니다。 꼭알고십흐신것을못일러드리는것가태서未安합니다。

그러나 그들이미웁고 醜한것이야 그러치만 可히同情할바업지도 안습니다 넘우辱만마십시요。

誌上映畵……西部戰線은異常업다 (7)

포울도 드듸어 右腹部에傷處를當하엿다。 그리고 故鄕으로休養하기爲하야도라왓다。

故鄕에서는 老人들이 戰術論을이야기하며 세—루잔을새트리고 教室에서는 如前히 칸토렉老先生이 少年들에게 愛國論을宣傳하고잇섯다。

病든老母와作別을하고 다시戰線으로도라왓다。 戰線에도라온、포울은 열며숫살밧게안되는少年들과가티 老兵 쨔—덴의分隊로들어갓다。

그때는 그의學友들의大部은입의戰死하엿섯고 살아잇는친구들도 어느分隊에가잇는지 차즐길에업섯다。 다만그는 가진스키—만을맛나보앗다。

그러나 그亦 맛나본이튼날亦是戰死하엿다。

집어쓰고 各其 길을나누어 活動을 하엿다 한結果 맨 늣게 서두른우리가 號外의 첫방을 달은 CS두新聞보담 압서내엿다。

×

이러한것은 一年에 한두번밧게업는 特別한일이고 그처平常時는 아츰에 집을나와서 맨처음가는 警察署면警察署 官廳이면官廳에서 社에로電話를건다。

이것은 出勤簿에 도장을 찍는意味도되고 또 社와밋 外勤하는 달은동관사이의 련락을 取하는手段도된다。

달은 官廳에서는 記事材料를 自進해서 提供하지만 警察署에서는큰事件가튼것은 꼭 숨겨노코 눈치도잘보여주지아니한다。 그놈을 잘 차저내여야말이지 그러치아니하면 面目이업서지고 新聞은 한팔이 석긴다

外勤을하고 午正이나 한時쯤 社로들어가서 략 한時間동안에 그날어든記事를 써야한다。

그것을 맛치고나면 그때부터는벼世上이다。

그러타고해서 마음을 척놋치는못한다。 언제 무슨事件이突發되여 號外를發行하게될지모르니까。

나의 私生活은 그때에잇서서 술과게집밧게는업것다。

달은사람는 讀書도하고 연애도하엿다는데 나는 뗴카단으로놀아낫다

×

誌上映畵……西部戰線은한결갓다 (8)

그날은 구름한점업시淸明한날이엿다。 포올은 荒凉한戰場에서 나뷔 한마리가 나르고 잇는것을보앗다。 그러나 그때는 포올自身이 죽어넘어질때엿다。

×

그날 司令部에서는 參謀本部로發하는報告書에『西部戰線은異常업다』라는簡單한 報告가 적히엿슬뿐이엿다。

監督 루이스·마일스톤氏

配役

포 올 레위·아여어ㅣ스氏

가진스키 루이스·월하임氏

쩸멜스터스 쏜·레이氏

칸 토 렉 아놀드·루시ㅣ氏

新女性

昭和六年二月一日發行（每月一回一日發行）昭和六年一月廿三日第三種郵便物認可

第五卷 第二號

1931
VoL.V No.II

二月號

『신여성』 5-2 통권 33호

쪽수 116쪽 | 인쇄일 昭和五年一月三十日 (1930.1.30) | 발행일 昭和六年二月一日 (1931.2.1) | 편집·발행인 方定煥 | 인쇄인 田畯成 | 인쇄소 朝鮮印刷株式會社 | 발행소 開闢社 | 정가 25전

MIYONG

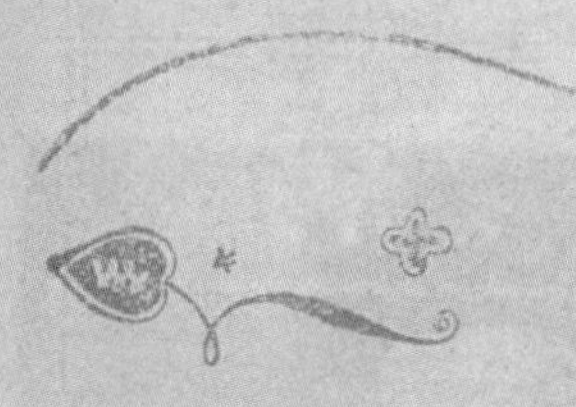

現代 女性美創造

고와지고젊어지는法

◇美容、化粧은決코奢侈가아닙니다。美란것이女子의生命아지는안되드래도 가장몸을도웁는寶物인것은事實입니다。美는女子의모든短點을덥허주고 모든일을도아주는神秘로운寶物입니다。

◇美는時代를따라變함니다 粉이나크리ㅣㅁ만바르는것은舊式이요 도리혀천착함니다。美는열골만에잇는것이안님으로 化粧과아울러 衣服頭髮等全體에研究깁흔科學的美容術로 열골도變하고몸맵시도變하야 現代的美 살어움즉이는美를어들수잇는것입니다。

◇사람따라그個性에꼭맛는美容術을相議께드리고 또實驗해드리기爲하야新設한우리中央美容院에는最新歐米式器具를完備해노코 專門研究家 女子美容師가잇서서 自然美에人工美를加하야차저오시는女人을더아름답게 더젊어지게해드리고잇사오니 꼭한번들너주십시요。

美人되는法

化粧과몸致裝專門

美容師 沈明淑 森川敏子

營業案內

一、美容맷사ㅣ지
一、電氣美顏術
一、美容化粧
一、美爪術(매니큐어)
一、洋髮
一、日本髮
一、洗髮
一、染髮
一、衣裳着付

◇料金低廉(壹圓以內)
◇親切本領(女子專門)
市內면貴宅外지女子美容師가出張도합니다。

費用壹圓以內 左右間한번들너주십시요

中央美容院

京城貫鐵洞二七〇
(鍾路大廣橋東便川邊)

腦病으로苦痛하는讀者에게

獨逸醫學界를놀내인世界的大發明品

賜竹田宮 伏見宮 妃殿下台覽榮

『피구마』의發明은醫學的見地로도非常히尊重한健腦器이다。余는『피구마』를實際治療에使用하얏다。即・頭重・頭腦의疲勞・頭痛・眩氣症・피가頭部에上進하는諸症에使用한바使用하는即時부터恒常愉快해지고病症을消滅하엿다。이것을오래도록使用하면다만一時的일뿐안이라永續的으로조혼結果를엇는다。

內科專門醫學博士 미케루젠

余는特許品『피구마』를使用하야頭痛・頭重・充血・其他를治療하고記憶力思考力增進에至極히効果잇슴을認한다。

醫學博士 요르・할뻭크

『피구마』를나는여러번實驗하엿습니다그리고非常히優秀한効果를認합니다。特히特徵으로與할것은使用할때의愉快한그것과어느때던지使用하기便한것입니다。腦病에對한有効한治療法으로『피구마』를推奬합니다。

셴트안나病院內科醫長 아ー무호루쓰

피구마란엇던것인가

저宏壯한威力을發揮하는飛行機나機關銃에恒常熱을除해내는라지에ー타ー가부터잇나니그것이업스면불가치뜨거워지는熱때문에故障이자조생깁니다。사람도이와마찬가지로過度하게頭腦를使用하면뜨거운血液이上進하야頭痛이생기고이것이자즈면神經病이되야恒常머리가무겁고도흐리터분하야倦怠가쉽게생겨서아모일도못하게됩니다그런故로器械의熱을식히는라지에ー타ー를사람의머리에應用하야頭腦의熱을恒常外部로發散식히게한것이『피구마』입니다。

獨逸政府新案特許

理想的健腦器 피구마

金二圓五十錢 送料四十五錢

開闢社로注文하면 送料十八錢

開闢社에서도本品의有効한것을證明한고로本品의代理取扱을하는中입니다

英文・獨逸文・日本文各詳細說明書葉書로請求하면無代進呈합니다

우선冷靜明快한頭腦의所有者라야萬事에成功합니다『피구마』發明者는飛行船製作技師로在職中有名한物理의原則表面擴大法의原理를應用하야特種金屬製의健腦器를完成하엿습니다。이『피구마』를使用하면그날부터머리가가볍고서늘하야지며記憶力이놀날만큼進增되여모든能率이놀납게늘어집니다。實驗報告集無代進呈

神經衰弱・不眠症

發賣以來 朝鮮서大好評

피子마發賣元 東京神田區北神保町 佐德商會

代理店 京城慶雲洞八八 開闢社代理部 振替京城八一〇六番

ウテナクリーム

明朗하고 삿듯한近代美

그것은우데나크림의合理的愛用
에의하야비로소어들수잇습니다。

우데나배니싱크림 純無脂肪
간단한整肌와분밋헤

우데나하이제닉크림 脂肪中性
淡化粧과맛사ー지에

우데나쏘울드크림 脂肪性
濃化粧과살결보전에

¥.60 ¥.30

¥ 70 ¥.50

¥1.00 ¥ .50

久保政吉商店

美人일걸요

이조각조각을ᄯᅳ더마춘다면......

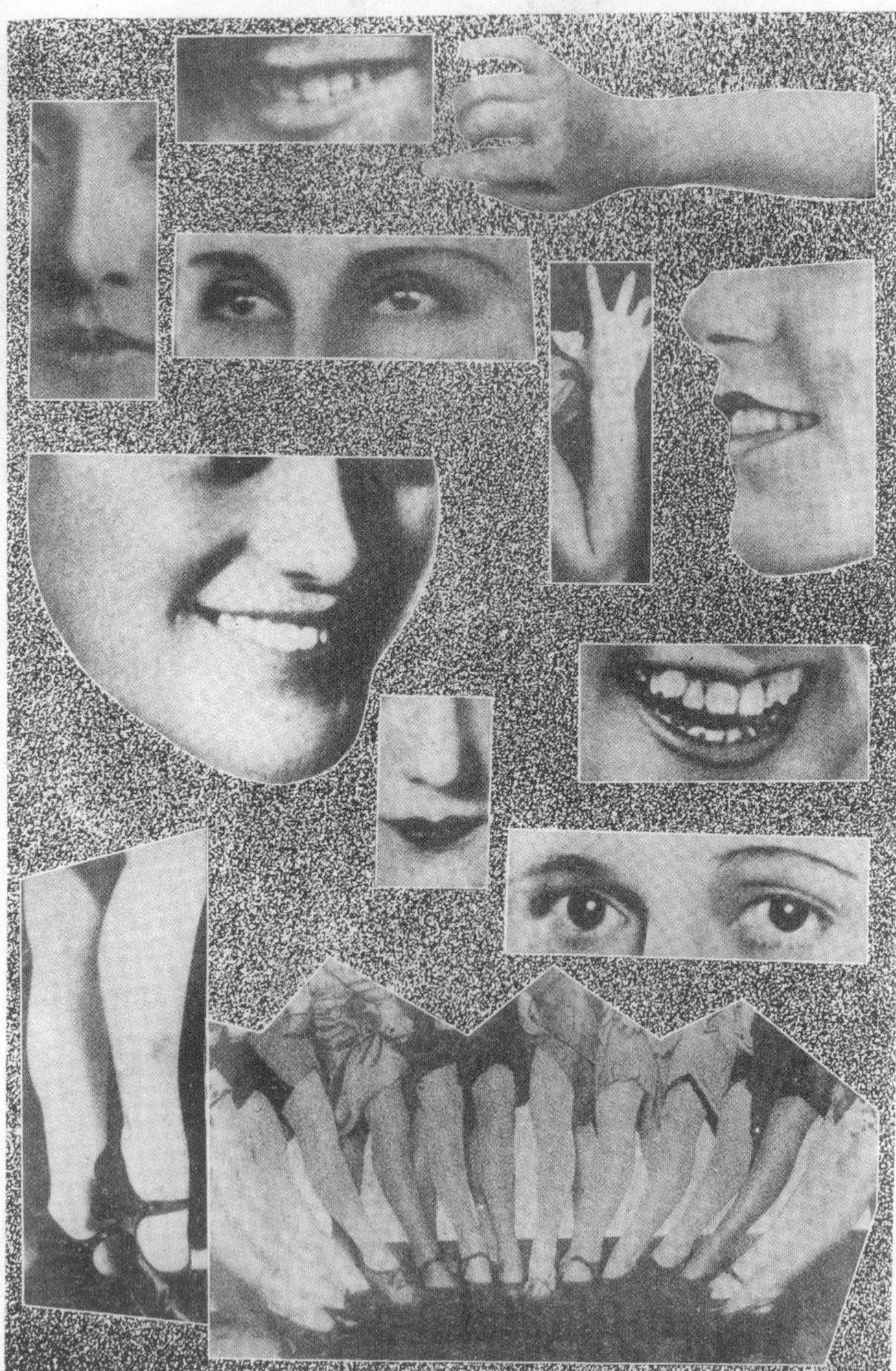

* 李萬珪, 金昶濟, 孫貞圭.

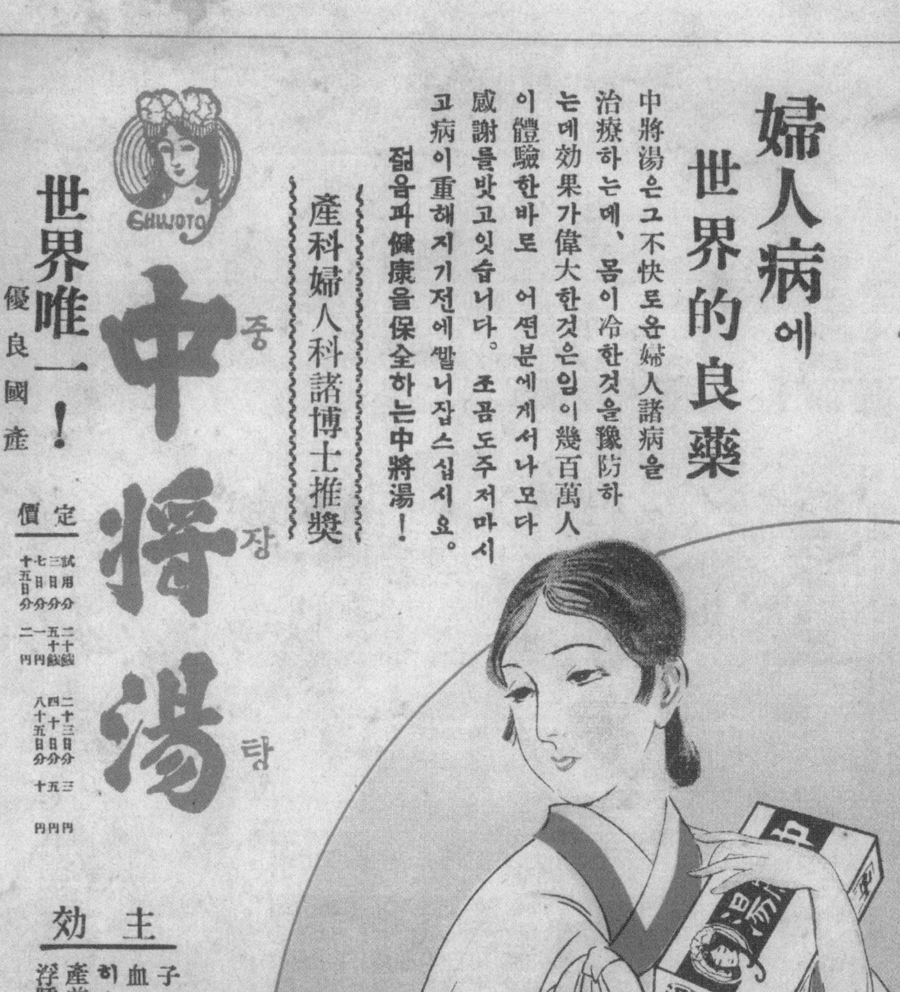

婦人病에
世界的良藥
中將湯은그不快로운婦人諸病을治療하는데、몸이冷한것을豫防하는데効果가偉大한것은임이幾百萬人이體驗한바로 어쎈분에게서나모다感謝를밧고잇습니다。 조곰도주저마시고病이重해지기전에쌀니잡스십시요。
젊음파健康을保全하는中將湯！
産科婦人科諸博士推奬
CHUJOTO
世界唯一！
優良國産
中將湯
중장탕
定價
試用分 二十錢
三日分 五十錢
七日分 一円
十五日分 二円
二十三日分 三円
四十日分 五円
八十五日分 十円
主効
子宮病。月經不順。下腹痛。
血道。頭痛眩暈。下腹引。
히스테리。神經衰弱。白帶下。
産前産後。不眠症。血脚氣。
浮腫惡阻。腰足冷込。疝氣感冒。
本舖
東京 津村順天堂 大阪

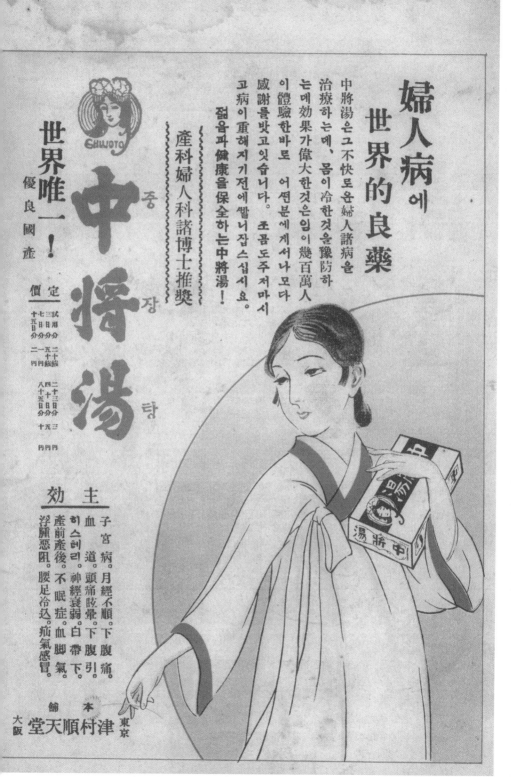

1931
Vol.V.No.III

昭和六年三月一日發行（每月一回一日發行）昭和六年一[illegible]三日第三種郵便物認可

新女性

第五卷第三號

三月號

開

『신여성』 5-3 통권 34호

쪽수 100쪽 | **인쇄일** 昭和六年三月十二日 (1931.3.12.) | **발행일** 昭和六年三月十五日 (1931.3.15.) | **편집·발행인** 方定煥 | **인쇄인** 田畯成 | **인쇄소** 朝鮮印刷株式會社 | **발행소** 開闢社 | **정가** 20전

* 金昶濟, 朴熙道, 李萬珪, 許英肅, 林孝貞, 本社記者.

* 玄鎭健, 方仁根, 李光秀, 安在鴻, 車在浩, 崔鶴松, 林孝貞, 金東進, 崔璿淳, 方定煥, 鄭淳哲, 劉道順, 朴八陽, 徐椿.

* 사실 이 기사는 『신여성』 8권 1호 영인본에 수록되어야 한다. 영인 과정에서 실수가 빚어졌던 것으로 추측된다.

新女性

四月號

1931

VOL.V NO.IV

『신여성』 5-4 통권 35호

쪽수 104쪽 | **인쇄일** 昭和六年四月十八日 (1931.4.18) | **발행일** 昭和六年四月二十日 (1931.4.20) | **편집·발행인** 方定煥 | **인쇄인** 田畯成 | **인쇄소** 朝鮮印刷株式會社 | **발행소** 開闢社 | **정가** 20전

新女性

昭和六年六月一日發行（每月一回一日發行）昭和六年一月廿三日 第三種郵便物認可

第五卷 第五號

六月號

京城 開闢社 發行

『신여성』 5-5 통권 36호

쪽수 102쪽 | 인쇄일 昭和六年五月廿八日 (1931.5.28) | 발행일 昭和六年六月一日 (1931.6.1) | 편집·발행인 方定煥 | 인쇄인 田畯成 | 인쇄소 朝鮮印刷株式會社 | 발행소 開闢社 | 정가 20전

* 부득이한 사정으로 정홍교의 「어린이날 이야기」, 고장환의 「어머니날 이야기」가 이번 호에 실리지 못 했다.

구나 좁은틈에 몸을맛추고서서 그의풍염한 목과억개와 가슴을 내려다보며 전차가 갑재기서고 갑재기속력을내일때마다 그 율동적으로 숨틀하는、탄력잇는 명도의곡선을 늣길때 영조는 그만 말초신경의 무서운진동을 제압할힘을 일헛섯다 그러나 영조는 이런생각밧게는 이르키지안엇섯다。

왜 건강한 녀자다。

이런녀자가 커、뮤、니、스、트라면!

인애도 이럿케 건강햇스면—

그리고 새삼스럽게

애인과 동지가 이위일체(二位一體)엿스면!

하는 생각도이러낫섯다。

그들은 황금정서 내리엿다 오래유숙할곳은 여염집으로 천천히 찻기로하고 우선 일본여관으로드러갓다、

『왜! 조선여관으로 가시죠』

하는 인애말에

『조선여관은 공연히 조사가심하다니까……』

하는 영조의대답은 영리한 인애의가슴속을 씰러놋는것이잇섯다。(게속)

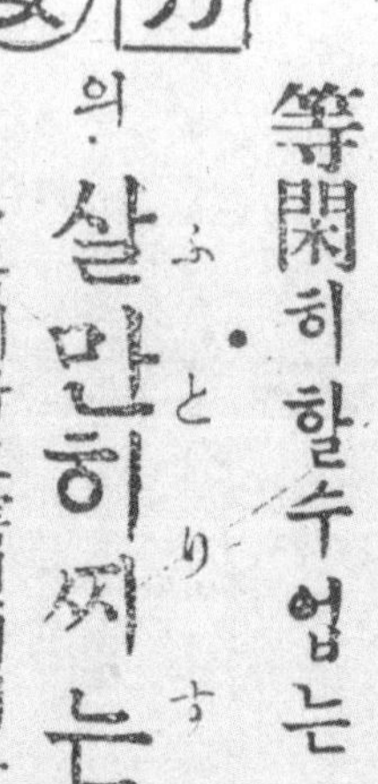

等閑히할수업는

男女의 살만히씨는것

◈몸에아모害미치지안코◈
◈알맛게빠저버리고만다◈

◎男女間에살이넙우만히씨면運身하기에도거북할뿐더러다른이들이도야지라고숭을봅니다。이러함으로아모리얼골이잘생긴女子라도살이넙우씨면나히도만흔것갓치보이고징그러워보임으로대단한損입니다。그리고水氣와血氣로살이씨서血色이납부면문등병증세나잇지아니한가?고疑心밧기쉬운것입니다。그럼으로말미암아相當한집子女로서敎育도밧고才質도過人하드라도可惜하게出嫁할時期를놋치고한해두해너머가서畢竟에는아무런데로나出嫁하게될뿐만아니라顔色도漸次낫부게될뿐임으로一生에幸福스럽시못한原因으로된例가한두사람만아닙니다。

◎身體가肥滿한것을强壯한줄노생각하고잇스면큰잘못입니다。醫學上肥胖症이라고稱하는데 血肉組織中에過剩의惡性脂肪과水氣其他有毒有害한不純物이積滯된一種의病的狀態입니다。그럼으로살찐사람의게限하야는「여드름」其他무스럼이와깃는癬疔과가든人命에關係되는腫氣도發生하기쉬고여러가지病에도걸니기쉽고그리고運動이如意치못함으로말미암아胃가弱해지기도하고 心臟이壓迫되야조금만뛰면숨벅킨念慮가잇고 心臟擴張가될危險을가지고잇고 또는[illegible]면더워서全身에땀으로苦痛을바다브는사람에게싸지도苦痛을感케한다。

井上醫學博士曰……

肥滿한사람은心臟이障害가되야脈搏의不整과結[illegible]을發하야熱病에對한抵抗力이弱해지고肺臟의運動을障害하야氣管支加答兒에걸니기쉬워肝臟은腫大함又[illegible]腎臟炎·蛋白尿病을併發함……(井上內科全書)

靑柳醫學博士曰……

살이찐사람은步行困難·心臟衰弱·脈搏不整·心臟肥大·呼吸困難其他一러가지의障害잇고 心臟衰弱·腦出血·腦[illegible]血로頓死하기쉽다

……(臨床醫典)

◎自己로서는아모렇치도안타고생각하고잇서도右兩博士의說을依據하면決코安心이되지못하는바입니다。

◎그럼으로肥滿者는美容과保健을爲하야이것을未然에防止치아니하면아니될것입니다。

◎本店發賣의中容丸은臟器藥지럽오이드를主藥으로여기에얼마의補佐藥을合理的으로配劑하얏슴으로肥滿病·脂肪過多症의人水氣脚氣·月經不順으로말미암은肥滿·產後의肥滿·滿顏面充血多血症·便秘·頭痛逆上等에는實로理想的良藥임으로살만히씨서困難밧는이는꼭한번試用하십시오。

◎살이위는약 **中容丸** 十日分三圓二十錢 日分五圓五十錢 卅日分七圓五十錢입니다。朝鮮內藥店에는업는것임으로쓰실이는藥書로直接申込하시요곳자세한說明書와服用法을添付하야代金引換小包로急速히密送합니다。

東京市小石川區表町六十七番
發賣元 **鶴岡藥品部**
振替東京一六六八〇番
電話小石川四七九〇番

—자세한說明書만보실이는藥書로請求하시오—無料送呈—

新女性

昭和六年七月一日發行（每月一回一日發行）昭和六年一月廿五日 第三種郵便物認可

第五卷 第六號

七月號

京城 開闢社 發行

『신여성』 5-6 통권 37호

쪽수 106쪽 | **인쇄일** 昭和六年六月廿八日 (1931.6.28) | **발행일** 昭和六年七月一日 (1931.7.1) | **편집·발행인** 方定煥 | **인쇄인** 田畯成 | **인쇄소** 朝鮮印刷株式會社 | **발행소** 開闢社 | **정가** 20전

* 영인본에서 25~30쪽이 낙장되었다.

긔하지안을수업섯다。

春繭의二回豫想發表와實際

지난六月十日의 금년의고치는 얼마나거둘것인가 케이회의예상이발표되엿는대 三十九萬二千七百九十二石이나 이것을작년의고치실수 四十萬四千百九十七石에비하면 일말일천사백오석의감소이다 그리고생납은 다소남을것이라고햇다 경상북도가최고로 七萬九千七百石이고 함경북도는 겨우 一千五百五十石에지나지안는다 경긔도를비롯하야 충남 전북 평북 강원 합남합북등은작년에비하야감소되엿고 그외의충북 경북 황해 평남등은 다소증가되엿다。

이제 우리들조선녀자의손에서 나오는고치는 어떠케 처리되는가 소화五년도의조사에의하면 五十五萬五千石의실수확중에서 二十萬石가량은 자가용으로 조선안에서소화되나니 그는명주 주황나등으로 우리옷감이되고 남어지의三十五萬石은 판매용으로 시장에나와 그중에서三十萬石은 조선안의 제사공장에서소화되고 남어지의五萬石은일본으로가서 긔게실의원료로된다 근년에와서 고치갑시왜떠러지는가는 별건곤오월호에 자세히실니여잇기에여기서는말하지안는다 그리고 여기에부실한것이 잇스니 예상발표란무엇이냐하면 아즉수확에이르지못하엿스니 실지의통게조사는할수업스나 여러가지로미루워보아 금년의 이지방에서 이만한수확이 잇스리라는것을 보고케하야 그를종합하야 발표하는것이니 그발표의여하를따라일반경제시장에 크게영향을주는것이다。

한강에 뽀ー드커을씨슨이다 이씨ー슨이오면 자근아씨네에게 남자친고가 답지해든다 동모의오라버니니 한고향에서온학생이니하는 리유는그래도 드를만은하다 그러나 동모의애인의친고이라는리유로 손목을잡고 사인조의두쌍남녀팁을쑤며 한강으로한강으로뽀드에 사랑을시러날느랴고 거틈을재촉한다 「한강과녀학생」나는이문데만은 얼마동안 벽장속에 너허두고십다 그것은 너모나큰치욕이며 너모나큰추잡한대상이다 남매간에가도 욕이요 자긔안해를다리고가도욕이다 한강과 칭춘남녀는 엇잿든지 청분난 불냥남녀로밧게는 안이보힌다 사십만 부민의유일한 소풍터가 이모양된것은 원통하기는하다 그러나 엇잿든 컴자는부녀자 몸을삽가는자근아씨들은 가지안을곳이다。 서울이라는데는 칭춘남녀의 맛날곳 모도혀놀곳이업는 리상덕도시이다 극장이라야 휴게실 식당하나티업고 그러고나서는손쏩을곳도업는 그럿케거륵한서울이다 그러함으로 순진한녀자들의 타락되는긔회는 다른선진도시에 비하야반감이되야진다 그러나 그대신 해방의씨ー슨 녀름만되면 푸른산 맑은물 어는것이 칭춘남녀의 구락부아니며 응접실이아니겟느냐공원산보 문밧노리 새록새록이차저내는그들의 녀름노리터는 그야말노무진장이다。

녀름과처녀 그야말노 백이십파센트의 위험성을가즌 시긔이다 녀름사내의 달콤한수작

산보나가십시다그려

덥지안소 아이스크림이나잡수시러가십시다

그말속에 무서운복선이든줄을아는이가몃치냐알면서도 따라가는이가 더만치나안을가。——(쯧)——

---

* 朱耀翰, 林孝貞, 李光洙, 黃信德, 薛義植, 朱耀燮, 崔活, 李萬珪, 曹在浩, 崔瑨淳, 柳光烈.

新女性

淸涼讀物特輯

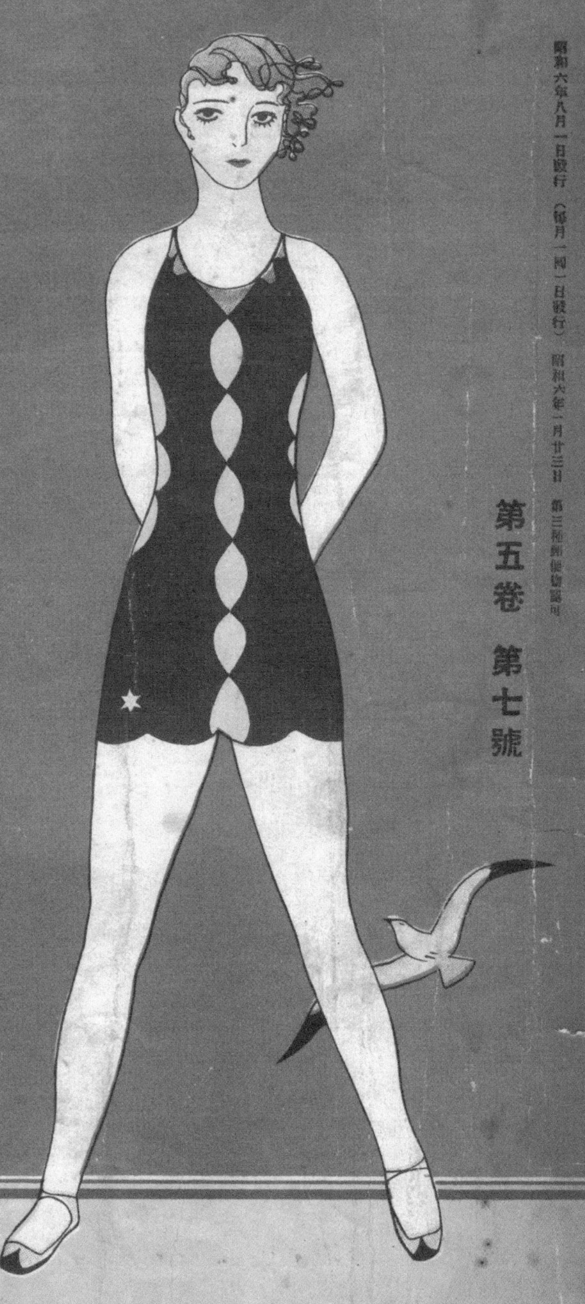

昭和六年八月一日發行（每月一回一日發行）昭和六年一月廿三日 第三種郵便物認可

第五卷 第七號

八月號

京城 開闢社 發行

『신여성』 5-7 통권 38호, 청량독물특집

쪽수 104쪽 | **인쇄일** 昭和六年七月廿八日 (1931.7.28) | **발행일** 昭和六年八月一日 (1931.8.1) | **편집·발행인** 方定煥 | **인쇄인** 田畯成 | **인쇄소** 朝鮮印刷株式會社 | **발행소** 開闢社 | **정가** 20전

新女性

第五卷 第八號

九月號

『신여성』 5-8 통권 39호

쪽수 104쪽 | 인쇄일 昭和六年八月廿八日 (1931.8.28) | 발행일 昭和六年九月一日 (1931.9.1) | 편집 · 발행인 車相瓚 | 인쇄인 田畯成 | 인쇄소 朝鮮印刷株式會社 | 발행소 開闢社 | 정가 20전

金鶴香油

이즘은 여러분의머리가
녀름의더위로 약해진뒤
라 쌔지기잘하는時季올
시다 이때에잇서머리를
기르는優良한 金鶴香油
를꼭 常用해주십시요。

* 金華淳, 姜淑烈, 金勤實, 李明嬅, 李蓮玉, 金聖淑, 崔貞熙.

B는즉시 이가튼意味의답장을부치엿다。 이리하야D와의因緣을 아주색끗하게淸算하야버리엿다。

그후D는 예정과가티 英國갓다왓다는역시富豪의아들과結婚을하얏다。

그리고B는——或그와D와의일을 아는사람들이엇재서D를빼아겻느냐고무르면 『그것도돈때문이지요』라고 또或어떤사람이 왜어서結婚을하지안느냐고 작고장가들기를칭하는사람이잇스면『아즉나는 結婚할資格이업는사람이요』라고 만히冷靜하게말하는것이 아주B의常套가되고마럿다。

따러서 부자는부자——가난한사람은가난한사람끼리인연을맺는것이가장合理的結婚일것이라고 생각한B는해가西山을넘을때——東大門근처煙草會社工場이나 製絲會社工場이라하야서 職業戰線의수만흔娘子軍이潮水가티몰려나옴을볼때에는 어느때나그사람들중의어떤하나가或자긔의안해가 될사람이나안인가 하는생각까지갓게되엿다。 LOVE IS BEST! 이말도 벌서옛사람의잠꼬대가되지안이하엿던가………?

B는 이가튼생각도 하야보앗다。

(1931、7、21)

『수술을 하시렵니싸?』하고 나즉한음성으로 말하엿다。부인은 잠잣코 머리만끗덕어리엿다。

『몃달재입니싸?』

『석달재에요』

『정말 그러십니싸? 잘 생각해보시지요』미소를띄우며

『확실히 석달째에요』

K는 만족한미소를 띄우면서

『그것참 잘되엿습니다. 사실은 삼개월된 태아(胎兒)가 필요하야 널니 구하든차인데요』하고 냉정하게말하엿다。부인은약간 쎄림직한지 눈쌀을찝푸리는듯하더니 어느듯 호기심에타는 눈초리로써 K를바라보

* 서울雜誌協會, 색동會同人一同, 朝鮮少年總聯盟.

아 그래서 당신의 영예를못들고어린少年들이목을노아울엇다고하니 얼마나 기막히는 당신의 써남이오니까。

方선생님!

지금은 여름입니다。 여름도거지반 다갓나봅니다。 당신이 제일괴로워하시든여름철도얼마남지안햇습니다。

얼마안잇스면 가을이 오나이다。

귀뜨람이 우는가을!감나무마른입이 써러지는가을!

그러고 그러고 당신이 제일 조와하고사랑하는 그꼿 그가을에피는꼿 간열피듸 간열핀 쌀쌀스런꼿!가을의 청조를 그대로 나타내는 꼿 그코스머쓰의꼿이필 가을철이올것입니다 그코스머쓰가 외롭게필것입니다。

方선생님!

그코스머쓰의 애처러운꼿을 엇지 나 혼자볼수가잇슬가요。

그코스머쓰가 시들고나면 가을도 써나갑니다。 가을이가면 겨울이오지요 겨울이오면은 하-얀 눈이나리지요。

눈!눈! 당신가티눈을 조와한이도 드믈겟습니다。

눈이! 눈이오면 꼿업시 소래업시 눈이오면은 머나먼 나라의당신의 애처러운 소식인줄알면서 길고길고 끗이업시길고긴그눈의 편지를 읽사오리다。

철업슨 조선 어린이들이 잘들크느냐 잘들공부하느냐고뭇는말슴인줄을 알고읽사오리다。

方선생님!

나는 不幸히 당신의마자막 손목을 잡어보지못하고 당신의 차듸찬 몸둥이를삽고 소리처울어보지도못하야 이글을쓰면서 당신을생각하면서 눈물을금치못합니다。

눈물흘리면서 마즈막으로 당신이부르든눈의노래를부르겟습니다。

하날에서 오는눈은
어머님소식
그리우든 사정이
한이업서서
압바문안 누나안부
눈물의소식
길고길고 끗이업시
길다랍니다。

겨울밤에 오는눈은
어머님편지
혼자누은 들창에
바삭바삭
잘잇느냐 잘크느냐
뭇는소리에
잘못자고내다보면
눈물납니다。

『그야勿論 健康第一입지요 몸이健康하면 당장 살ㅅ결의아름다움에反影되고……』

『그럿습니다。美容의第一秘訣은 適宜한運動 便通 入浴 睡眠等 凡 健康上必要한것은一切美容의必要條件이되겟습니다』

『入浴은하루에한번이 특별히 여름에는必要하지요』

『그러치요。그러나 너무뜨거운물이면 자미가업다고합되다。그리고 時間은 저녁前에三十分가량이 가장적당하다고 합니다。』

세수할때의注意

『얼골은 四時를通하야 냉수면냉수 微溫湯이면微溫湯으로 작정해둘것이라고생각합니다。皮膚의刺戟을變치안토록하는必要上』

『땀이만히낫슬때는 되도록물로 씻는것이美容上으로나衛生上으로나 必要한바라고생각합니다。』

化粧水의選擇法

『얼골을씨슬때마다 반드시헤지마고론은 발너둘것입니다』

『헤지마고론은 정말조와요 저만하드라도 늘그것을쓰고잇습니다。撮影所에서고 집에서고』

『얼골만이아니라 洋裝할때에는 목과팔의化粧水로도꼭그것을추천하겟습니다』

『撮影所에서는 여러분이쓰신다지요』

『네네 떡들씁니다。男子들까지도』

『美容院에서는어떳습니까』

『化粧品選擇에 식그러운분이라도 헤지마고론이라면아무말슴업습니다』

『理髮하러오시는분에도 면도뒤에 헤지마고론을찻는분이 대단히만어지섯습니다』

『참으로 爽快하고 그리고皮膚에조흔까닭이겟습지요』

『그럿치요。저도 舞臺化粧

美人이 되는 秘訣

出席하신분들

子爵 三島章道氏夫人
畵家 伊東深水氏
허리우드美容院 메리·牛山夫人
女優 岡田嘉子孃
女優 伊達里子孃
高田舞踊團 高田세이子夫人
大場理髮館 大場氏
本誌記者

美容과健康美

『오늘 밧부신중에 出席해주신것은 참으로감사합니다 어떠케든지하야서 美人이되여보겟다고바라는것은 모ㅣ든女性들의 最大한希望이리라고생각합니다。 어떠케하면 보다더아름답게될수잇슬가하는 興味잇는이問題에대하야 여러분의經驗이시든지 또는 抱負를말슴해들니워주섯스면 고맙겟습니다。』

『글쎄올시다。 오늘가튼날은 덥도더웁습니다 그려。 이러케더워서야 아모리어엽분이라도 역시땀하고먼지에 애써化粧한것은얼눅이가지고 옷에는땀이배이고 야단이겟습니다。』

『그러나 洋裝이라면 男子보다는얼마간편하겟습지요』

『하여튼 이즘은 日本의女性들도 洋裝하는데어색한곳이업서진모양이라 보기에거북하다기보담 오히려훌늉하다고보는데 이러케되고 보면무엇보담도健康이라는것이 美人의重大한要素가되겟습니다』

『獨創的個性的健康美라고하겟군요』
『역시 아릿답게되겟다는것은 대단 어려운거예요』
『그러나 그만큼애도안쓰고 아름답게된대서야 아무것도아니지요』
『여러가지로고맙습니다。그러면 이로써……』

헤지마코론은 理想的化粧水

메이・우 야마

化粧에는勿論 분불로써 이以上의 化粧水를구하는것은不可能한일이겟습니다。면도한뒤에서방님의化粧水로써도 참으로상쾌하고殺菌作用도 잇서서 어느분에게고 사랑늘밧고調和되는것입니다。

더욱이 손님이오셧슬때씐수건(무시・다오루)에다 조곰뿌리여서드리는것은 主婦의머리가조흔것을보혀주는영리한使用法이라고하겟습니다。何如間 皮膚를아름답고 튼튼하게그리고 맷그럽게정돈식히고십흔분에게 반드시 권고하고십흔化粧水올시다。

가장優秀한國産크리ー무

三島章道氏夫人

지금까지 떡여러가지크리무를써보앗습니다。外國製 또는日本製이루헤일수업습니다。그리고最後에택한것이 헤지마크리ー무엿습니다。갑도外國製에比하면半以下로 効果 品質의點은 도로혀우리들日本사람의살ㅅ결에는 훨신조타고생각합니다。

化粧컨에 이것을바르고 가루분을 바르면 조곰도얼눅이지지안코 오래가는淡化粧이될뿐아니라 살ㅅ결保存에 더우에업시 조흔것입니다。

最高의頭髮榮養劑

大場理髮館主

흔히 비듬투성이가된머리를한紳士와 拔毛를 잔득 억개에다부치고예사로게 신분을보앗습니다만은 그것은 참으로 醜態의極이라고생각합니다。잠간의수공 적은費用으로 자기와또 남에게도 조흔感을줄수잇는것을모르는모양입니다。헤지마・쎄이・럼을毎日아츰한번식뿌려두면 이러한醜態는 絕對로업습니다。비듬 가려움은업서지고 머리의윤기도조와지고 脫毛는 업서지고 참으로 이러케조흔쎄이럼은 또업겟습니다。나는여러男性에게뿐만아니라婦人여러분쎄도이 것을추천해드립니다。(이상광고)

을 할쌔에는 대개헤지마고론을바른뒤에 그리스페인트로얼골을다듬습니다。살갈거는것막는데도대단히조흔양이드군요』

『집에서는어린아이의쌈씌에발너줍니다。그런데 잘들어요 이즘은 쳐이들쒸리 제맘대로바르고들잇답니다』

『쯧밧게헤지마고론禮讚會가되여버렷습니다그려。分明히 헤지마고론은美人이되는 한개의秘快이라고하겟습니다。』

『化粧水라면 누구에게던지調和되는化粧水로 헤지마고론을추천하겟습니다』

『다른化粧品으로는무엇이조흡니까』

『크림은 사람들의 기호도잇겟습니다만은 헤지마고론을맨들어내는데서 함쎄맨드는헤지마크림等이 가장優秀한것의하나겟습지요』

毛髮榮養에대하야

『쎄이럼도거기서내지요』

『그쎄이럼이 떡 핑장하다는데여기쓰시는분은안게십니까』

『웬걸요。우선 쳐는 오래동안 그것만씁니다』

『쳐亦쓰고 잇습니다。成績이떡조타고생각합니다。』

『분은어썻습니까』

『아모러튼간에 化粧品은여러가지가잇스니까 자기살에맛는것을 차저내기가어려운것이지요 亦是 분도 자기가써보고서 택할밧게업습니다。그래서 한번작정햇스면 그것을 변치말고쓸것입니다。』

『쳐의경험에서본다면 분을푸는데헤지마고론을쓰는것이 떡조흐군요』

『要點은 자기의얼골 자기의살결을充分히알어두는것이겟습니다』

『그리고 缺點을눈에씌우지안토록아름다운곳을强調하도록 유의할것이겟지요』

『머리의모양 분의빗갈 口紅(구지베니)옷의색갈 모다 남의模倣을할것이아니라 자기에게第一적당한것을택할것입니다。』

광고	『彗星』 9월특집호(개벽사)
뒤표지	中將湯

新女性

昭和六年十月一日發行（每月一回一日發行）
第三種郵便物認可

第五卷 第九號

十月號

京城 開闢社 發行

『신여성』 5-9 통권 40호

쪽수 108쪽 | 인쇄일 昭和六年九月廿八日 (1931.9.28) | 발행일 昭和六年十月一日 (1931.10.1) | 편집 · 발행인 車相瓚 | 인쇄인 田畯成 | 인쇄소 朝鮮印刷株式會社 | 발행소 開闢社 | 정가 20전

에 인절미치듯이 이리따리고저리리따리다가 야종에는 암상이나서 어린아희의뺨을 꼬집어뜨드며 욕을하닛가 가티목욕하려왓던부인이 보기에하도민망하야 억지로뜨더말리엿다。 그런데 알고보면 그신녀성은시내모보통학교선생님이요 그아희는 그의전실아들로서 그가가지고잇스라던 五十錢짜리은전한푼을 일허버려서 목욕갑을낼때에 돈이업서 우안을보고는 그브푸리로 아희를따린것이엿다。 돈도돈이요 우안도우안이지만은 철모르는아희에게 자긔가 돈을맥기기가 잘못이지 이러버린것을 따리면무슨소용이잇나 그런선생님에게 잘못걸리던 학생들이 매맛기에 공부할며가가업슬설......。

名流女性의 핸드빽調査

探報軍

女記者 崔義順氏

記者『그핸드빽이 늘··나는조와요 어듸좀보고 나도 그와가튼것을 살테에요.』

崔『무얼또그래 남에게서 프레센트로 밧은것인데......내가산다면 빗갈도 좀 조흔것으로사련만......』

人形가티 엡본얼골에 미소를띄우며만 보이려는것을

『그래도 어듸좀......』

하고 억지로졸라서 그더히빼아서보앗다。 남을속이고보는것이 極히 未安하면서도 그만큼 理解를바라고 率直하게 公開하는것이다。

第一첫칸에 チリ紙 五枚
第二칸에 手帖(그속에는 各名士들의住所姓名이 나열해잇다)
第三칸에 콤박트
第四칸左에 香水
第四칸右에 鉛筆

女飛行家 李貞喜氏

『아이야—또무얼그래요 호호호。 남의것을 함부로 뒤저....안되요 안되요』

조고마한 눈을 사르르감으면서앙탈을 부리는것을 보니 더욱 그속이보고십헛다。

『좀보면 엇대요』

記者가 달려들어빼아스닛가 그도 할수업다는듯이 자긔핸드빽을 멀거니 듸려보고만잇섯다。

첫칸에 チリ紙 拾枚
둘재칸에 免許狀(貳等飛行機操縦士免狀 貳等飛行機操縦技士證明書)
셋재칸에 名刺 一枚 돈지갑 한개(三圓九十錢入)
넷재칸에 어엽븐 人形한개

會社員 李順奎氏

『아이—어쩌나! 나는 아무것도 이러버린것이업는데 왜그러십니까?』

記者가 핸드빽을차즈며 물엇슬때 그는알듸—알븐 눈까풀이 한자나더드러가면서 눌내며 엇절줄을모른다。

『하여간 당신핸드빽속에잇는것을 다—말해보서요』

『내핸드빽속에것을 말하라고—저—분이잇는대 그저가루분이야요 그다음 전차표 한달것이잇고 둘재칸에 편지한장이잇고 新聞號外가한장들어잇고... 그것예요』

『그런데 대관절 왜그러십니까!』

『아닙니다 권이 우러보앗죠』

『그런것을 혹 또다른일이나 크게잇는줄알고 엇지 속이 뜩금햇는지요』

『왜요 핸드빽속에 문제되는것이잇나봅니다그려』

記者는 손싸르게 그에게서 핸드빽을 쌔아서보앗다。

첫재칸에 앗가그가말한대로 콤박트 전차표 三十枚

둘재칸에 朝鮮朝日新聞號外의九月二十日치가 들어잇고

셋재칸에 편지한장(發送人의住所氏名은 記載禁止)

事務員 趙業伊氏

丸善書店의 女事務員 趙業伊氏의핸드빽은 남달리 헌겁으로한 수수한것이엿다。

記者『좀보여주 그것—』

趙『형사인가요 머—남의손에 든것까지 볼랴구 그러게』

記者『왜 형사라야만!』

趙『그럽 무엇조사할것이 잇서야만 보는게지』

記者『좀 잘못알엇소 일이잇는사람은 보아도관계업다는것이 핸드빽을 발명한사람의 선언이야요』

趙『애개개 우스워죽겟네』

記者『어서!』

趙『보겟스면 보구려』

첫칸에 萬年筆과手帖

둘재칸에 チリ紙와전차표두장.

셋재칸에 지갑(一圓四十六錢在中)

넷재칸에 변도그릇하나(그속엔 장아찌반찬이 조곰남엇슬뿐。밥은임이 잡순뒤。)

여러분 놀라지 마십시요

純白色의結婚服은

옛날의 葬式衣裳입니다。面紗布는 惡魔除祛의투구

하늘이맑고 달이 밝으니 無心한 풀버레들도 쓰러울으는 戀情을 익이지못해 戀戀한 세레나—드를 밤새워 아뢰입니다。

짜라서 우리사람도 一年中에結婚이 제일만흔 季節이 이 가을 입니다。

* 許貞淑, 姜貞熙, 高明子.

新女性

昭和六年十一月一日發行（每月一回一日發行）昭和六年一月廿三日第三種郵便物認可

第五卷 第十號

十一月號

1931
VOL.5.NO.11

『신여성』 5-10 통권 41호

쪽수 106쪽 | 인쇄일 昭和六年十月廿八日 (1931.10.28) | 발행일 昭和六年十一月一日 (1931.11.1) | 편집·발행인 車相瓚 | 인쇄인 田畯成 | 인쇄소 朝鮮印刷株式會社 | 발행소 開闢社 | 정가 20전

* 孫溶嬅, 裵明媛, 韓晨光, 金玉淳, 鄭寶榮.

나서면 예리하고 통쾌한 그의웅변에는 어느층의사람을 물론하고 한번만들으면 호감을갓지안을수 업섯다고한다。 그는 또한 六개국의 말을할줄알어서 국제대회에서는 언제든지『크라라·체트킨』과갓치 각국대표자의 통역을햇다고한다。

그에게는 형식적만인 남편이잇섯다。 그가 독을류학중 학생운동에 맹렬햇기때문에 국외로방축을 당하게되여서『스위스』에 망명을햇다。 망명중에도 그는 독일동지들과 끈임업는련락으로 암암리에 활동을 게을리하지안엇다。 그후 러시아에서방축을당하고 독일에국적을엇기위해서 독일 학생과 형식적 결혼을햇스나곳리혼하고 씃까지독신이엿섯다。

그의 동지로서 가장 갓가운사람은『칼ㅡ리브크넷트』엿섯고 정의로는 그와주의상 의견의배치로 적대시하는『칼ㅡ카우츠키』의 처『루이제』엿다。 그는『카우츠키』와는 비록 적대시하면서도『루이제』와의우정은대단히 돈독할뿐아니라 조곰도 변치안엇다。 그가 가장사랑하는『루이제』는 그가 처음으로 투옥당할때에伯林정거장에서 그와의작별을설어하야 자긔의처녀시대의일홈L·B의머리글자가 색여잇는 회중시게를 녀사의목에다 걸어주엇다고한다。

그후 그시게가 력사적운명의 임무를가젓다。 즉 一九一九년 一월十五日 석양에『칼ㅡ리브크넷트』와가티반혁명폭도의손에 붓들려『에텔호텔』로호송된것이 녀사의최후엿다。 반혁명군「크루루」의 회중에서 그시게를 발견하고 여러동지들이 녀사가 세상에업는것으로인정하야 탐사한결과 반혁명군『룬케』란사람의손에암살을 당햇다고……

二十세긔에 독일무산계급운동이나흔 최고의 맑스주의자인 그는 이와가티 계급전선의희생자가 되고말엇다。 그러나 그의정신은 죽지안엇다。 그의저서는 실로만어서 계급운동선상에 업서서는 아니될 보물을 우리에게 남기고갓다。 녀성으로서는 아직도 그의 저작을 따를사람이 세상에 나오지안엇다。

나는 씃흐로 투사인 녀사에게도 시적정서가 풍부하엿슴을 여러분득자께 긔억식히기위하야 녀사가 옥중에서 동지들에게한 편지중에 한구절을다음에쓴다。

그리운 루이제여! 나는 임의오랜동안 당신과 더러놋코 정다운 이야기할때를 기다리고잇섯습니다。 그럿치안코는 편지로는 생각하는 그대로를 쓸수도 업고 생각나는 그대로를말할수도 업습니다……。 그러나 대관절 당신은 요즘에 왜 그럿습닛가? 내가 보기에 대단히 칩을해보이니……내가 단 한번만이라도 당신의얼굴을 보기만하면 곳 이 의문에 대답이 당신의편지보담도먼저 안전히 알것이지만……。

世界女流運動者프로필

로ー자・룩센부르크 (波獨)

金河星

세계적 녀류혁명가! 나는 이렇케써놋코보니 그위대한『로ー자』가 머리에 떠오른다。

그는『폴랜드・유다야』사람의 소상인의딸노써一八七一년에 세상에나왓다。 그의부모는 빈한한살림에도 그를 소학과 중학을것처 대학에까지 보내엿다。 그리하야 그는 독일 어느대학에서 자연과학과 수학등을 연구하고잇섯다。

그러나 어릴쌔브터 비범한 재조와 두뇌를가진 그는 사회주의적경향을 갓게되여 대학을바리고 사회운동진두에 나서게되엿다。

당시에『폴랜드』는 노서아제왕『노마노프』에 심한압박을 당하고 잇섯다。 그래『폴랜드』민족들은 자유주의나 민족주의적사상에 흐르고잇섯다。 그러나『로ー자』는 게급적립장으로브터 동지『리부크넷트』와가티『스타팔카스』團 을조직하고 그긔관지편즙책임자로잇스며 리론적으로나 실제적으로나 엇떠한긔회에서든지 그들소쁘르조아적 개량주의자들과 대립하여싸웟다고한다。 프로레타리아 운동선상에 업지못할 투사인동시에철학박사이엿고 법학박사인 이위대한인격의소유자인 녀사는 당중에서도 대적이업슬만큼 대론객인반면에 다정다한한 정서적 성격을 가진 녀성 이엿슴을 나는 더욱 경모한다。

그는 언론에 잇서서도 남에게 지지안어서 연단에

질의소유자로 제삼인타나쇼넬에서 만흔활동을 하고잇답니다。

그러고 나이두부인에게 가장자미잇는 에피소-드는 그가 깃데이라는곳에서 일반민중을상대하야 대긔염을 토할쌔에『오-어엽분 나이두여! 너는비록우리를 워망하는말이나 나는너의아담한매력에 나의가슴은 불타고잇단다 나에게 그러한 모욕의말이나 한만듸만더-하여주렴』하고 애원한 영국경관이잇섯답니다。

웃흐로 나이두부인에게 우리가 가장배홀것은 詩人이란일홈으로 온 영국에 그의일홈을날니엿스나 그는 호화로운문학생활을써나 인도독립운동에 참가한것입니다。

少女革命家田少蘭 (中國)

金蘭汀

중국은 지금 큰혁명의과정에잇습니다。

혁명적진영과 반혁명적진영간에는 피비린내나는 투정이 전국적으로 전개되엿는데 그중에도 中部의 諸省―(江西·福建·湖南·湖北·安徽·河南)―에 잇서서는 공산군과 반공산군이 長蛇의진을치고 호상대립하야 포연탄우중에서 승부를겨루고 잇습니다。 이러한혁명진영에는 수만흔부인투사들도 각부(軍部·政治部·戰鬪部)에 가입하야 생명을내걸고 용감히 활략을게속하고잇습니다。一九三〇年八月―이후브터 금년二月쌔지 武漢에서만 총살 또는 참수를당한『푸로레타리아』투사중에는 그성명이판명된것만 二百七十팔명인데 그중에서 부인투사로 표면에 나타난것만 九명이잇섯습니다。

그러나 八月이후에 하로에도 수十명씩 사형에처하는 武漢에잇서서 그박게도 얼마나 만흔부인투사들이 소리업시 斬頭台의 이슬로 살아저바렷슬것은 상상하고도 오리혀남을것입니다。 이와가튼 희생자중에는 十四세 十五세 十八세 소녀들도잇섯습니다。

그중에도 一月二十五日에 漢口세관압 넓은마당에서 목을밧친 十六세의소녀 田少蘭 ―(以下二十字略)―

그소녀가 참두대의 이슬로 살어지기까지의대한 그 경력을 간단히 적는다면 다음과갓습니다。

이 田少蘭은 별명을 金花라하고 四川省 重慶사람으로 지금브터 二年전-그가 十四세쌔에 공산당사건에 관련하야 漢口公安局에 잡힌일이잇섯는데 금년江西省에서 공산군에게 참패를당하고 사형을바든 第十八師長 張輝瓚의부하張某의 보증으로 보석이되여나온후 그와곳 結婚하엿다가 얼마후에 부부간에 감정상충돌이생기여 결국 리혼을하고말엇습니다。

어엽븐 루이케여! 봄은 언제든지 나에게 이상한 의문을 준답니다。내자신도 알수업스나 나는 살어갈사록 심각하게 매년 봄·녀름·가을을 이상스레히 경험하게된답니다。……나는 지금 여기대해서 충분히관찰할 한가한긔회를 갓지못함늘 무엇보담슯허합니다、……四五월경에 산야혹은 시가를 혹은 정원을 자유로산보하며 청칭한 풀들도보고 또는초목의꽃싹들의 나오는방법이 제각기 엇떠게다른것도 관찰하고십고……이모든것이 현재의나의게잇서서는 최대의소원이랍니다。만일 내가 매일 단 한시간이라도 그와가튼 시간을갓게된다면 나는 그외에 아모 소원도업고 아모런동경도 업슬것이지만……작년에나는 그러한봄을 잠간 경험햇답니다。더욱이— 지금 그쌔를 회상하는것이 괴롭지만……카루루와 가티 지내드랍니다。……

그이는 상시다망한생활을 하고잇섯지만 그의가슴에는 놀낼만한 시적감정을가지고 아모리 적은쏫이라도 어린애처럼 조와하는 사이엿답니다。그리운사람아! 나는 千度의포옹을 그대에게 보내노라……당신의『로ー자』는!

—一九一七年十二月十九日—

* * * *

사로지니 나이두女史

(度印)

柳小悌

일즉이 녀류시인(詩人)으로 유명한 나이두女史의詩를인도의거물들인 하아데이·지에무스·시몰스·고스등은지극히 찬미하엿습니다。

녀사는 비록詩人이나마 그에성격은쾌활하엿스며 또한 투쟁적이엿다고합니다。

그리하야 열두살쌔에 발서 마트라스대학에 입학을한 아조조숙한 괴재(鬼才)이며『다라사나』村의 製鹽庫습격의시위운동에 맹렬히 운동을하다가 실패하고 만흔고생을하엿스며 지금은 싼듸氏와억개를마조하여인도독립운동에투신하여 힘잇게싸우고 잇다고합니다。

또한 그의가정으로말하면 그의부친이잇는데 그는학자요 또한 종교가엿답니다。그리하야 자긔의쌀인나이두로하여곰 과학자를만들녀고애를썻습니다。그러나 나이두는『그것은몽상가이며 그의생애는 失敗의偉人이다』하고 그부친의 권고를 거절한일도잇스며 그의실형인 이렌토라나ー도라는사람은 그역 동생나이두와가튼 성

田女史는 리혼후ㅡ蔣介石의부하중 下級將校와 다시 結婚하엿는데 이것은 혁명운동의 한수단으로 한것이 엿습니다。

작년녀름에 그남편이 動員令을바더서 海南방면으로 遠征을떠나게되엿슬쌔에 田女史는거기에 동행해가다가 중도에서 남편의눈을속이고 공산군 病院으로 탈주하야가서 거기서 공산군의 負傷兵을 간호하고 잇섯습니다。

그쌔 공산당의중앙 집행위원이요 공산 第一軍團政治委員인 毛澤東은 이용감한소녀의機智가 풍부한 그 투정력에 놀내여 즉시공산군 婦女部長으로 선택하야 오르지 政府軍의 탐청과 철교·교통·파괴의 임무를 맛젓습니다。

이러한 중대 책무를 맛흔 田女史는 과감한활동을 계속하는中 여러번 정찰대에게 붓들리기도 하엿스나 그러한 난관을 것칠사록 그의 투쟁력은 더욱 용감하게되야 석방을 당한 즉시 자긔신변의 위험을 방비하기위하야 政府軍의將校와 관게를매저서 군사상의 비밀을들어다가는 공산군에게 보고하야 공산군의공격을 도앗습니다。

그의 활동으로 인하야 京漢鐵道·廣水驛 일대에주재한 敎導第三師를 공격하야 훌륭히 성공하고 京漢鐵道로인한 南北交通을 차단할수잇섯습니다。

금년 一月에 다시 廣水驛을 습격하려할쌔에는 이 소녀는 공산군의 정찰부장으로 피임되여서 政府軍의 下級××로 변장을하고 그진영속에 들어가 여러가지로 정찰을하다가 그만 그營長에게 발각이되여서 체포즉시 漢口總司令部로 호송이되엿습니다。

그곳에서 軍法部長 袁竹樵에게 엄중한심문을 밧고 드대여 사형선고를 바덧습니다。

그가 이세상에 마지막 작별을 고하는 一月二十五日ㅡ刑場으로 쓸니여나갈쌔에는 극히「모던」인 旗袍ㅡ녯清朝時代에 高貴한 婦人의禮服이엿는데 現今은 모던女性들의 복장이된것ㅡ에 짤게 짜른 斷髮ㅡ거기다가 죽엄을각오한 美모! 그것은 刑場에 모여든 수만흔 군중에게 더욱이나 애석의눈물을 금치못하게하엿답니다。

이리하야 十六세를 一期로한 젊고 ××× 녀류투사 田少蘭女史는、楊子江물을 바더 태여낫다가 楊子江물을 피로 물드리고 혁명생활의 최후의막을 나리엿습니다。

이밧게도 賀英·張滿貞가튼 ××× 부인들이 만흔데 다시 긔회가 잇스면 붓을대여볼까갑니다。

는 未亡人들의심리를응용하야 그럴듯한 甘言을다하야 모게하얏스니 이가운대 問題의未亡人高女도 씨우게되엿습니다。高女가 온것을怪僧白天空은 積年의目的이나 달한것으로알고 온갓甘言으로써 高女를갓가히하엿스니 사실 규중심처에 파뭇처오랫동안 세상물정을 모르고 오직마음에 寂寞과悲哀를늣기든 젊은未亡人高女도 이怪僧을보고 이상한肉感에 쓸니지안을수업섯슬것입니다。

이제것 이怪僧의未亡人誘惑術은 아편注射이니 젊은未亡人高女도 필경은 怪僧이주는즉접적快感과아편이라는魔醉劑에沈沒되여 급속도적으로 現實을 이저버리고 아편中毒女가되여 가젓든財産도불과二年에 전부怪僧에게빼앗기고 말엇슬뿐아니라、그의몸이 썩어가는헌신작처럼 淸溪川의上流中學다리아래에 지금은산송장이되여

버려진몸이 大地에떡드러부터 써러지지아니할때 목만웃둑들고 가고오는사람을 흘겨보고잇스니 이얼마나 가련한事實이겟습니까?

죽일놈는 怪僧白天空이니 지금은 이者가 또어대서 무슨협잡을하고잇는지?

讀者여!유령가튼法洞寺布敎所에서 그놈을못붓든것이 지금에와서한이됩니다。—남어지는다음號로。

잇습니다。 그런데 다행히도 나의정성의 힘이엿든지 그는 최근에 병이쾌차하여간다는것입니다。 나에게잇서 케읜번민이요 이애인것은 오ㅡ즉 나의남편의병이엿든이만큼 나는 세상에비할수업는 깃븜을늣기는바입니다 그러고 늘ㅡ나개인의고통도 역시 적지안습니다。 매일너무 지나치게 로동을게속하는고로 혹다리도 쑤시고 머리도압허서 출근을못하게될쌔도만치만 그의入院費ㅡ 이것을생각할쌔에 나는곳 떨니는다리를잇글고라도 출근을 하지안코는 못견댑니다 나는 지금도생각합니다。 병마와가티무서운것은업다고생각합니다。 그러고 나의머리에서 늘ㅡ웨치는것은ㅡ오ㅡ그가세상에업다면ㅡ그가만일병이더ㅡ위중하다면ㅡ이러케생각할쌔면 나의온정신은 戰慄하여짐을 쌔닷는동시에 산송장을산에파무든것보다 더ㅡ온몸이쌰릿쌰릿하여집니다。 그만큼 나는 늘ㅡ不安에서 煩悶또苦痛속에서 살어가고잇는것입니다。

ㅡ(氏의정에는 氏와 또 여섯살된 어린아기와 단두분이계십니다)ㅡ

獄中

在監中의蔡圭恒氏의夫人

金玉淳女史

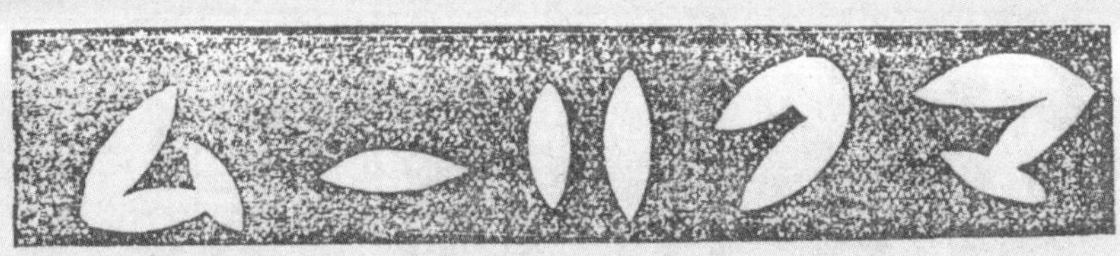

賞品

正解者의게는 抽籤해
서口繪와가티 훌륭한
出嫁道具를 드립니다

等級	賞品	數量	人員
特等	日本式出嫁人形 (身長約二尺 特祭金拾圓債券付)		一名
特等	西洋式出嫁人形 (身長約二尺 特祭金拾圓債券付)		一名
一等	上等總桐日本欌(三層)	一臺式	五名
二等	大型鏡臺	一臺式	十名
三等	銘仙五枚組방석	一組式	二十名
四等	ヘチマ特製青銅火爐象嵌入	一個式	三十名
五等	上等蒔繪반지고리	一個式	五十名
六等	特製洗面器	一個式	百名
七等	ヘチマベーラム八十五錬瓶	一本式	五百名
八等	ヘチマコロン三十錬瓶	一本式	一千名
九等	ヘチマクリーム旅行用品	一個式	二千名
十等	出嫁人形寫眞入化粧비누	一個式	一萬名

應募規定

用紙 ヘチマクリーム愛用의票로 使用하시든ヘチマクリーム의空갑을보내시요(又는葉書)

쓰는法 空函을그냥접어그뒤에姉妹의나희를쓰고ヘチマクリーム를사신店名과이廣告보신雜誌名과당신의住所氏名을 반듯이쓰시요。

보내는法 空函은몃개든지關係업스나 그一枚마다반듯이前記와가티쓰시고봉투한구퉁이를따고二錢切手부쳐보내면됩니다。

보내는곳 東京市日本橋區橫山町二丁目
ヘチマクリーム
ヘチマコロン 本舖玉野源商店
花嫁係

締切 昭和七年一月末日

抽籤 昭和七年二月中黃道吉日을擇하야 嚴正하게行함。

發表 昭和七年四月號誌上

賞品送料는대개本舖負擔

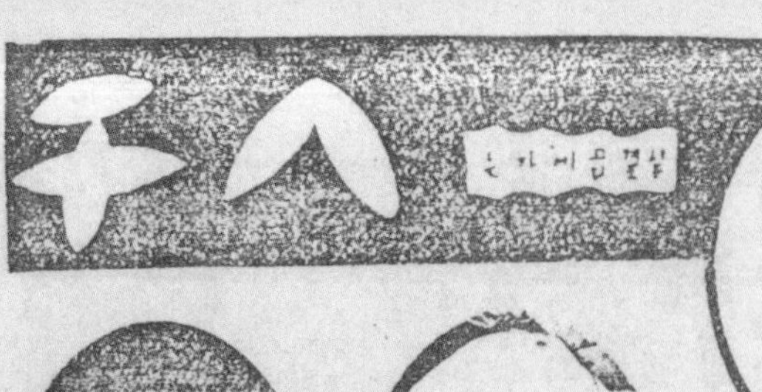

어엽븐姉妹의出嫁

出嫁道具와特燚金付

評判의美人을다려가시요

問題 이두姉妹는몃살이겟습닛가?

賢淑한姉人形의이야기입니다

내일홈은 ヘチマコロン이라고합니다。硝酸性乳液ペクチン・ヘミセルローゼ等美妙한 美肌作用을가지고잇는 ヘチマ水로브터發明한近代的化粧水 ヘチマコロン이 처음으로世上에나오든 大正元年에 나도갓치 出生하엿습니다。ヘチマコロン을化粧한밋헤・분개인물에・또 沐浴한뒤・面毛한뒤에・每日愛用하시는 여러분께 出嫁하는것을 대단히 깃겁게생각합니다。

모ー던妹人形의이야기입니다

나는 언니보다 두살아래인 ヘチマクリーム입니다。언니와가티 ヘチマクリーム를쓰기때믄에 내살결은 몹시도 아름다워젓습니다。살결을 부드럽게하는것은 勿論一般化粧에 이ヘチマクリーム를쓰시면 日常젊어보이고 또아름다움을 保存할수잇습니다。出嫁할일을 생각하면 비록人形이지만 가슴이두근거립니다。나는 斷然코 나를極히위하고사랑해주실 아조모던ー이신 어른께서 다려가주시기를 기다립니다。

新女性
十二月號
1931
VOL 5NO.11

『신여성』 5-11 통권 42호, 직업부인특집호

쪽수 114쪽 | 인쇄일 昭和六年十一月廿八日 (1931.11.28) | 발행일 昭和六年十二月一日 (1931.12.1) | 편집 · 발행인 車相瓚 | 인쇄인 田畯成 | 인쇄소 朝鮮印刷株式會社 | 발행소 開闢社 | 정가 20전

내가본원만한가정

東光社 朱耀翰氏 家庭

내가본원만한가정

天道敎 鄭廣朝氏 家庭

四

一九三一年을 一轉換期로 小부르인테리級을 中心으로하야 動하고잇는 朝鮮女性運動은 그××의中心的勢力이 階級的으로 結成되면서잇는것이 이해에 새로생겨난。 歷史的特徵의하나이오 客觀的條件에依하야 一般的으로 階級××이尖銳化 ××化되는同時에 婦女해방運動도 激化되면서 잇는것이 또한그特徵의하나이다。

이러한 歷史的事實은 婦女해방運動으로하여금 彼等의歷史的任務를 遂行하는데 그決定的××에도 첨컴갓가히 다다르게하는 바이다。 勞働婦女의階級的覺醒과××的××이 全無產階級運動과××되면서 ××되지아니하고는 ××의××은 不可能한것이다。

×

婦女해방運動에對하야 階級的標識를 鮮明히하지아니하고 過去과가티 漠然하게 封建因習의打破! 文盲退治! 地位向上等部分的이오 觀念上의問題만을 그基本的투정목標로 삼고나간다면 決局 그運動은 다시 無力化 孤立化하고말것이다。

③은 생활의향락이 극도로禁遏하면 될수잇는대로적은비용으로 강한향락적자극을 욕구하게되는것이니여기에서 性적향락性적유희가 그들을 부르게되는것이다。

④는 사회의비판표준이 고정하야잇지안타는것이니그는 임이압헤서述한바이다。 따라서 그들은 사회의질서가 파괴되지안는범위에서 十分자유스러운활동을 할수잇는것이다。

에로치시즘의盛行은 사회퇴폐의一현상이다。 그러나 에로치시즘의盛行으로 사회가퇴폐하는것이아니요 현대의경제機構는 개인의생활요소를[illegible]압하고잇스며 사회의경제생활과 개인의생활요구의間의 內在的한모순은 필연의勢로 現××조직을 危機에瀕케하고 그의一표징으로에로치시즘이 盛行하고 잇는것이다。

그러나 에로치시즘의盛行이 지금곳우리가정을전반적으로 음습할것이라고는 보지못할것이다。 그러되 산아제한과 결혼의양식의간단화는 그가직접으로 영향하고잇나니 아모리봉건적으로 되여잇는가정이라도 그것만은실행이 보급화하고 잇는듯하다。

여기에서 우리는 사회인의性생활이 그가독립적으로엇던체게와방향을찾는것이아니요 사회의경제생활을下部構造로하고 그의특질을 가장예민하게표징하는것이 性생활임을알것이다。 그리하야 우리에게도 경제생활의변화와함게 性이데오로기. 性행위 연애양식에만흔변화를초래하고잇다。

* 趙賢景, 李應淑, 崔貞熙, 權完珍, 姜松相, 宋桂月

고름증

急性淋疾
慢性淋疾
急性肺炎
流行性感冒
扁桃腺炎
中耳炎
赤痢·チフス
《新領域》

淋疾·肺炎·其他의 双球菌性頑症에는 發病初부터 病原菌을 克服케하는 適劑를 投與할것……

：이點、トリアノン은 單一스루폰劑가 아니며 삐리진基와 結合한 高性能化學療法劑!! 스루파삐리진임으로써 「그 强烈한 殺菌作用은 一般化膿症에는 勿論」 [illegible]

惡性 淋疾

에對해서도 一日最十元錠一週間을 [illegible] 法으로 原因的 머욱 短時日에 반도시 治療目的을 達합

株式會社 田邊五兵衛商店 大阪 ☆ 株式會社 田邊元三郎商店 東京

KT23

新女性

1932
NO.1

新年特大号

『신여성』 6-1 통권 43호, 신년특대호

쪽수 120쪽 | 인쇄일 昭和六年十二月廿八日 (1931.12.28) | 발행일 昭和七年一月一日 (1932.1.1) | 편집·발행인 車相瓚 | 인쇄인 田畯成 | 인쇄소 朝鮮印刷株式會社 | 발행소 開闢社 | 정가 20전

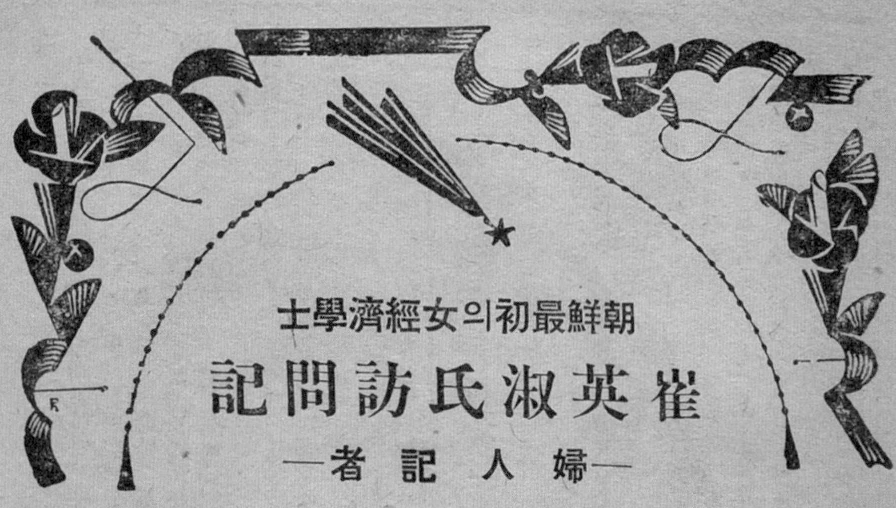

朝鮮最初의女經濟學士

崔英淑氏訪問記

—婦人記者—

남다른 포부와 남다른회망을품고 지금으로부터 아홉해전에 쏫가튼 두새악씨가 中國南京으로 苦學의길을떠낫스니 그한분은 崔英淑氏요 또한분은 崔氏의둘도업는 친구林孝貞氏이다。

포부와 리상이가튼 두사람의同志는 다닥쳐오는고생을 니를악믈고 참어가면서 배홍의길을닥것스나 만二年되는해에 경제적으로더욱심해지는 곤란을 엇절수업서 이두분의사이는 기여코갈너지고만것이다 그리하야 林孝貞氏는 東京으로 갈니여진것이 이들로하여곰 처음으로손을나뉘게한원인이엿다。그뒤林氏는 東京서 英文學을 전공하게되엿스며 崔氏는 홀로떠러저서그곳 滙文女子中學校를맛친뒤 바로 瑞典으로건너가 스톡홈이란이나라의서울에서 大學을맛치고 나오는길에 정말、독일、불국、서서、이태리、희랍、토이기、애급、인도、유태、신가파、안남、상해등지를것처 十一月二十五日아침햇볏이 동편하늘을 고히 물드릴때 九年동안 안탑갑게도 그리우든 고국의땅을 밟게되엿다。

—中國在留時林氏(右)崔氏(左)—

립워진다。
사람은 고립하여서는 살지못한다。 반듯이 서로서로가 련질하야 살게된것이 사람의세상이다。
여기에 포용력이긴요하다。 그러나 적은사람이 큰사람을포용하지못한다。 적은보재기로 큰물건을싸지못한다。 그쌔에는 자진하야 큰사람의품에 포용되도록 힘써야한다。
남을포용할수잇는힘! 남에게 포용당하는아량(雅量)！그가 얼마나 우리들사람의생활에 긴요한일일가?

十二月×日

허영숙(許英肅)이가단발햇다 허씨는 나의학생시대부터 귀에익은일홈이요 그는녀의(女醫)요 리광수(李光洙)의안해이다。 이제 그가 단발햇다 나는 그소식에 놀래지안을수업섯다。
허정숙(許貞淑) 주세죽(朱世竹)등의녀성동우회(女性同友會)의일파가 단발하얏슬쌔에 신문에 잡지에 그를 가장맹렬이비웃고 빙정거린자가누구이엿든가? 『단발하고 분바르려면 단발을말일이요 남녀평등은 단발이라야만 그를구할수잇느냐』리론답지안은 이런소리로 빈정대든것이 멧해전의일이엿든가 그허영숙이가 이제 단발햇다 사람의지각(智覺)은 나희와병행한다더니 이제야 단발의필요를 늣긴셈인가。

『아이구 그곳은 아주친절하기가 한량업서요 내가 동양인으로는 처음들어갓드니만큼 아주후대를 하여 주엇스니까요』

『그곳노동부인들은 물론 정한시간안에 일을하겟지만은 수입과 지식정도는요?』

『그곳은대규모소규모의공장이고간에 보통학교졸업생이아니면 직공으로쓰지를안어요 그러고 수입은 하로에 四圓五十젼가량수입인까닭에 공장노동복만버스면 어느녀자가 자본가의부인이라고 구별못하리만큼 훌륭히 차리고단이지요』

『그러면 생활비는요?』

『하로의생활비는 대개 二圓五十錢가량이니까 二圓은남지안어요? 그반큼그곳은 노동을하여도 보람이잇지요 그러고 그곳은 노동련맹의세력이 아주강하야서 그나라사람으로 할수잇는일은 외국사람에게식히지안는것이 그나라의특색이외다』

『그것은 웨 그럴까요?』

『만일 엇던나라사람에게든지 허락한다면 그나라로 각국의실업군이 모혀들게되지안을까하는 방어책이겟지요』

『그러면 선생님께서는 엇더한방식으로 학자를 구해쓰셧나요』

『나도역시 그들이하지못하는일로써 語學敎授、벼개수노키(물론東洋刺繡) 또한 조선의사정을 그리여신문가튼데 투고를하여서 거기서생기는것으로 학자를 해나왓지요』

『그러면 그곳에 처음가서서 言語는 엇더케롭하섯나요』

『一年동안을 꼭瑞典語만 공부 하엿지요 그다음에 스톡코홈大學 정치경제과에 입학하여 이래四년동안을 공부하엿서요』

『그곳에 부인운동은 엇더튼가요』

『그곳은 꼭동등이야요 물론미국가튼곳은 女子가어느편으로보아 우대를만히밧지만은 이곳은 꼭남자나녀자나 동등한지위에서 혹은 재판관 혹은대학교수혹은변호사 이러한정치적방면에 활약하는인물이 엇지만흔지 모른답니다』

──정치덕으로나 경제덕으로보아 너무도 우리조선녀성들과는 차이가만타는것을 유감으로생각하시는씨는 말을이어

『하여간 우리조선녀성도 이곳녀성과가티 무장을갓출랴면 첫재로경제덕으로 확실한독립을 하기전에야 압만해방을부르지젓자 소용이무엇입니까? 그러고그러한등동을 부루짓는다면 뿌르조아부인운동에 불과하지요』

『그러면 우리조선에나오시면 처음에 엇더한일을하

×

서울에 무사히 내렷다는 소식을듯고 記者는 氏가도착한바로그잇흔날 氏의자택을방문하엿다。 문밧게서 명함을 드려보낸지 얼마안되야 안으로부터나오시는氏! 엇저면 이러케까지도 수수하게차리엿슬까——하는의아심을 자아내지안코는 못견되리만큼그의단발한맵씨나 그의수수한 양복이나 언어동작기라어느컴으로나 수수한늣김을 주지안는것이업섯다。

『어서 드러오서요 집에오니 그저어수선해서요!』 문밧게선 記者를바라보며 빙긋이우스시면서 하는말슴이엿다。 인도하여주시는대로 건너방으로 들어가안젓슬때는 氏는 애교잇는말씨로

『저온줄을 엇더케아섯서요? 오호호』 너무속히알엇다는듯이 고개를 기웃둥하고안즈시며 우스신다。

記者는 단도직입적으로 아래와가티 입을떼엿다

『中國에서 졸업하시고난뒤에 처음품고드려가신 포부대로 조선에나와서 부인운둥을 하시지안코 왜瑞典까지가시엿나요?』

『물론 그러한의심을 녀성동지들이 누구나쏙가티하엿슬것이외다마는 그때나의 사상을말하면 엘넨케이女史를 퍽도숭배하엿섯답니다 그동기는 물론 그가저술한책을 만히탐독하엿고 그녀자의이야기를 中國동무들간에서도 퍽만히 들엇든관게이지요 그리고 그곳은 부인운둥이 다른곳보다 훌륭히진보되여잇다는 소식까지들엇거던요 그래서 나는 엘넨케이女史를맛나볼려고 내사진과또이력을 적어보내는일편 사상에공명한다는뜻으로 쓴편지도 멧번하엿섯지요 마침그때또 이사상에공명하여 함께들어가겟다는중국친구가잇서서 함께떠나기로되엿섯답니다 그러나 결국나는혼자서 엘넨케이女史를 바라보고 떠나게된것이얘요 그는 그때만하여도 녀성운둥의 선구자요 또제일인자라할만큼 위대한녀자이엿답니다 그러나 지금에와서 내사상은 엘뒨케이女史의사상을 아조쌔솟이 청산한셈입니다』

가늘게 굴너나오는 氏의말씨는 엽헤안저듯는 記者로하여곰 몹시 다정하게하엿다。

『그래 瑞典에가시여 곳엘넨케이女史를 맛나보섯나요?』

『불행히도 못맛나보앗답니다 내가 들어간지 바로멧칠전에 세상을떠낫겟지요 그러나 그곳에는 바로엘넨케이의 열두형제파들이잇서서 그들을차저봄으로그다지 섭섭하지는안엇섯지요 그들은 그곳부인운동의 머리들이엿섯승으로 지도도만히밧엇고 또사랑도만히 밧엇답니다』

『그곳부인들이 외국사람을 대하는품은 엇대요』

이러케물엇슬적에 그는 참으로 감복하엿다는 듯이

실작정이엿섯나요?』

『나는 이래 九個성상을 조선을 떠나잇섯스니만큼 모ㅣ든점으로보아서 지금에발을드는나는 유감싼이야요 그것은 일을위하야서 공부한다면 처음부터 조선에파뭇처잇서가지고 조선의사정을 잘알어야할일인데 나는 오랫등안 조선을떠나잇섯드니만큼 조선의사정을 잘모른다하여도 과언이아닌대 내가그곳에서 조선나가일할프랑은 첫재로 消費組合일과 無産婦人運動을하는것이 최대희망이고 또책임이라고 생각하엿습니다 물론 이두가지가 나의생각한바인대 첫재로 조선이란것을 지금잘알어보는것이 조흘것갓고해서 당분간은 집에서공부하여볼 작정이외다。

『조선에 처음드러오시면서 늣기신감상은요?』

『별감상이야 업지만 ○○○이더ㅣ만허진것이고 둘재로 중산게급 소위소뿌루조아층의인물들이 경제적으로 제일몰락당한것이 력력히나에게 인상을주어요 그것은 첫재로 우리집을보아서 잘알엇서요!』

머리가무거운듯이 한참씩생각하시면서 조리잇게이야기하여주엇다。

이때건넌방병상에 누으신 氏의춘부장께서 불으시엿슴으로 記者는 맛흐로 조선의녀성운동을위하야 힘썻노력하여 달라는것을 바라고 氏의집문을나섯다。

×

이번이달치에 이방문긔과아울너 의와경제에 관한론문을 실으려 하엿든것이 먼려행의피로 엿습인지 불행히도건강을 상하시게되야 잇지못하고다음 괴회로미루엇습니다。 그러나머지안어 이약속이실현될 것을밋고 기다리는 바입니다。

* * * *

第二개월말에는임란전체가닭알만하게되며 第二개월반이되면 겨우사람의 형상이 명요하야집으로 비로소태아라합니다。그외에耳、目、口、鼻가확실히낫하나고 키가二・五仙이며 자궁은오리알만큼커지며 따라서 전굴(前屈)이됩니다。

第三개월말에는 임란이오리알만해지며 키는九仙 체중은二十瓦이며 손과발끗헤 조갑(爪甲)이생기고 태아의성별이분리가되며 자궁은 어른의주먹만큼커지며 전굴이됩니다。

第四개월말에는 태아의 남녀성별이 명요하야지며 키가十六仙 체중이百二十瓦이되며 다소운동을하며 전신에는 아조가는털이나고또태반이 완성됩니다。자궁은 어린애머리만큼커지며 아랫배즉恥骨이 二仙쯤우에서융화됩니다。

第五개월말에는 태아에키가二十五仙 체중이三百瓦이되며 태아에운동(胎動)을임부가알수잇스며 머리털이나고 안(眼)瞼을뜰댜고합니다。그리고태아의심장의고동(見心音)을능히들을수잇게되며 자궁은 지골(恥骨)과배꼽에 중앙쩜까지 불러집니다。

第六개월말에는 태아에키가三十仙이며 체중이六百五十그람이되며 눈을뜨고전신에는지방이축적하나 皺襞이잇고 자궁은 배꼽까지불러집니다。

第七개월말에는 태아에키가三十五仙이며 체중은千그람이되며 이달까지에 태아를미숙아라합니다。자궁은 배꼽에서 三仙가량의위쪽까지불러집니다。

第八개월말긔에는 태아의키가四十仙・체중이千五百瓦이며 얼골은 원형(猿形)과갓고 주름살이이만흐며 피부는불근색을띄우고 가는털이나잇습니다。자궁은 배꼽과홍골검상돌긔(命門)에중란까지불러지며 이달말에娩出한胎兒는 보육을 적당히하면 살수가잇습니다。

第九개월말에는 키가四十五仙・체중二千五百瓦이며피하지방이풍부하고 피부는선홍색이며 자궁은 홍골검상돌긔三仙하부까지 불러지며 임부는 호흡이곤란해지고 또임신중배가제일불는때입니다。

第十개월말에는 태아의키가五十仙・체중이三千瓦이며 손발에조갑이 길어지나니 이때의태아

新女性

昭和七年二月一日發行（每月一回一日發行）昭和六年一月十三日 第三種郵便物認可

1932
VOL.6 NO.2

二月号

『신여성』 6-2 통권 44호, 이월특집호

쪽수 114쪽 | 인쇄일 昭和七年一月廿八日 (1932.1.28) | 발행일 昭和七年二月一日 (1932.2.1) | 편집 · 발행인 車相瓚 | 인쇄인 田畯成 | 인쇄소 朝鮮印刷株式會社 | 발행소 開闢社 | 정가 20전

표지	金奎澤 畵	明眸
광고		金鶴香油
광고		『어린이』 二月特輯號(개벽사)
목차		
광고		『別乾坤』 2월호(개벽사)
광고		子宮座藥 美神丸
광고		婦人良藥 喜谷實母散
寫眞		[畵帖] 눈의 神祕
寫眞		[廣告] 헤지마크림
광고		婦人藥王 惠乃玉
광고		ペルメル
寫眞		[畵帖] 새로운 體操
寫眞		[廣告] 구라부美身크림
광고		ハクキン懷爐
광고		ノーシン
寫眞		[畵帖] 새로 핀 梅花
寫眞		[廣告] 헤지마고론
광고		小兒解毒散
광고		開闢社代理部

艶々하게黒髮이되는

金鶴香油

KINTSURU

HAIR SCENTED OIL

金鶴香油

株式会社野村商店

헤지마크리-므

살결보드론데
가루粉바르기젼에
살결보드럽게하는데

大瓶 七十五錢
中瓶 五十錢
小瓶 三十錢

東京 天野源七

ハクキン懐爐
학 킨
항상학긴懷爐를동모
하야溫和하게닷듯한
봄에醉하는것이야말
노人生無双의樂이다
一回一錢의費用으로
一晝夜絶對安全하게
保溫할수잇는高尙한
無灰科學의懷爐이다
大阪
矢滿登商會

6. 30

어린아기태독에는

小兒解毒散

소아해독산

을推奬합니다

「小兒解毒散」의德으로、오래동안고생하든어린아기의胎毒을全治식혀、지금에는보기에도달울이만큼튼튼한어린이가되엿다고깁버하는어머니들이 얼마나만히잇는지를몰읍니다。

速히試驗해보시요!!

이「小兒解毒散」은從來의여러가지胎毒藥과는달너먹으면먹는대로애기의體內毒物을오좀과아울너、모다밧그로流出식힘으로、한번이藥으로胎毒을根治식히기만하면두번다시걸닐렴려가업는것입니다、맛도달큼함으로아모리藥을실혀하는아이라도더먹고십퍼하게쯤됨으로로잘먹습니다。그분아니라、이약만은腹痛이나설사와가튼副作用을일으키지안음으로、아모리갓난애기일지라도安心하고먹일수가잇는것입니다。

▲詳細한說明書를보실분은申込次第로無代送呈하겟습니다。

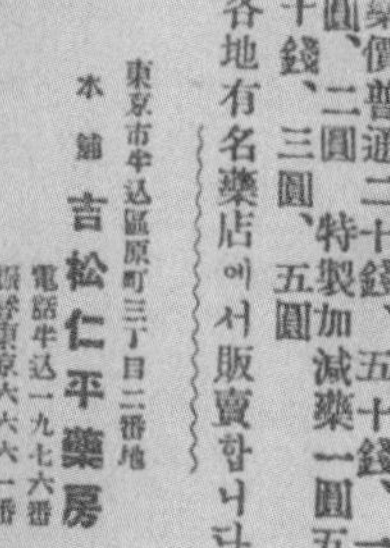

▲藥價普通二十錢、五十錢、一圓、二圓、特製加減藥一圓五十錢、三圓、五圓

▲各地有名藥店에서販賣합니다

東京市牛込區原町三丁目二番地

本舖 吉松仁平藥房

電話牛込一九七六番

振替東京六六六一番

헤치마코론

沐浴한후에・化粧하는미테
粉바른다음으로・面毛한후에
汗疹나는데・어린아기살에
반드시발르십시오。

徳用瓶 八十錢
大瓶 五十錢
小瓶 三十錢

東京 天野源七

* 鄭子英, 全智子, 金源珠, 韓晟晃, 崔貞熙, 安貞淑, 張賢淑, 李慶喜, 宋桂月.

* 기사명에는 9편이 선정되었다고 했으나 실제로는 8편이 게재되었다.

新時代의
호ー산크림
醫學博士 前坊先生御推奬

새時代새化粧에 새化粧品으로 쓰시는것은風鳥메ー루밧게는업슴니다 왜그러냐하면 合理的製法에依하야새로운化學의힘을十二分으로應用하야精製한살빗을희게하는 漂白力이强한호ー산을含有한優秀한크림인까닭입니다。

風鳥메ー루는빗이희고곱고윤택한살결을만드는메妙하고얼굴에기름이세고여드름이잘나고두룰두룰무엇이잘소사나오는분속때가안버슨분살빗이검은분化粧을아모리해도효과안나는분살빗희고살결고른美人이되고십호신분은『메루』를愛用하십시요。

살빗이희고고읍게美人이되는

풍죠메루
風鳥メール

¥.30
¥.50
¥.70

風鳥標白粉（白肌）……五〇
風鳥固煉白粉（白肌）……四〇
風鳥水白粉（五色）……二五、四〇
風鳥ハキ白粉（五色）……二〇、三〇
風鳥植物性ポマード……三〇、五〇
風鳥トニックオイル……五〇
風鳥ニキビ水……二五、四〇
其他四十餘種有ります

風鳥石鹼本舖 宇野達商店
大阪市東區南久寶寺町三丁目・振替大阪三五一五九番

新女性

1932
VOL.6 NO.3

三月号

『신여성』 6-3 통권 45호

쪽수 104쪽 | **인쇄일** 미상(비고 : 판권지 낙장) | **발행일** 昭和六年一月廿三日 (1932.3.1) | **편집 · 발행인** - | **인쇄인** - | **인쇄소** - | **발행소** - | **정가** 20전

살결거츠른데가루분바르는미테제일조흔

구라부美身크림

살결보드럽게하는것으
로세게에제일위이다!

겨울에外出의化粧用
또는朝夕洗面과沐浴
한뒤에업서는아니될
구라부美身크리ㅣㅁ

全歐洲一等美人

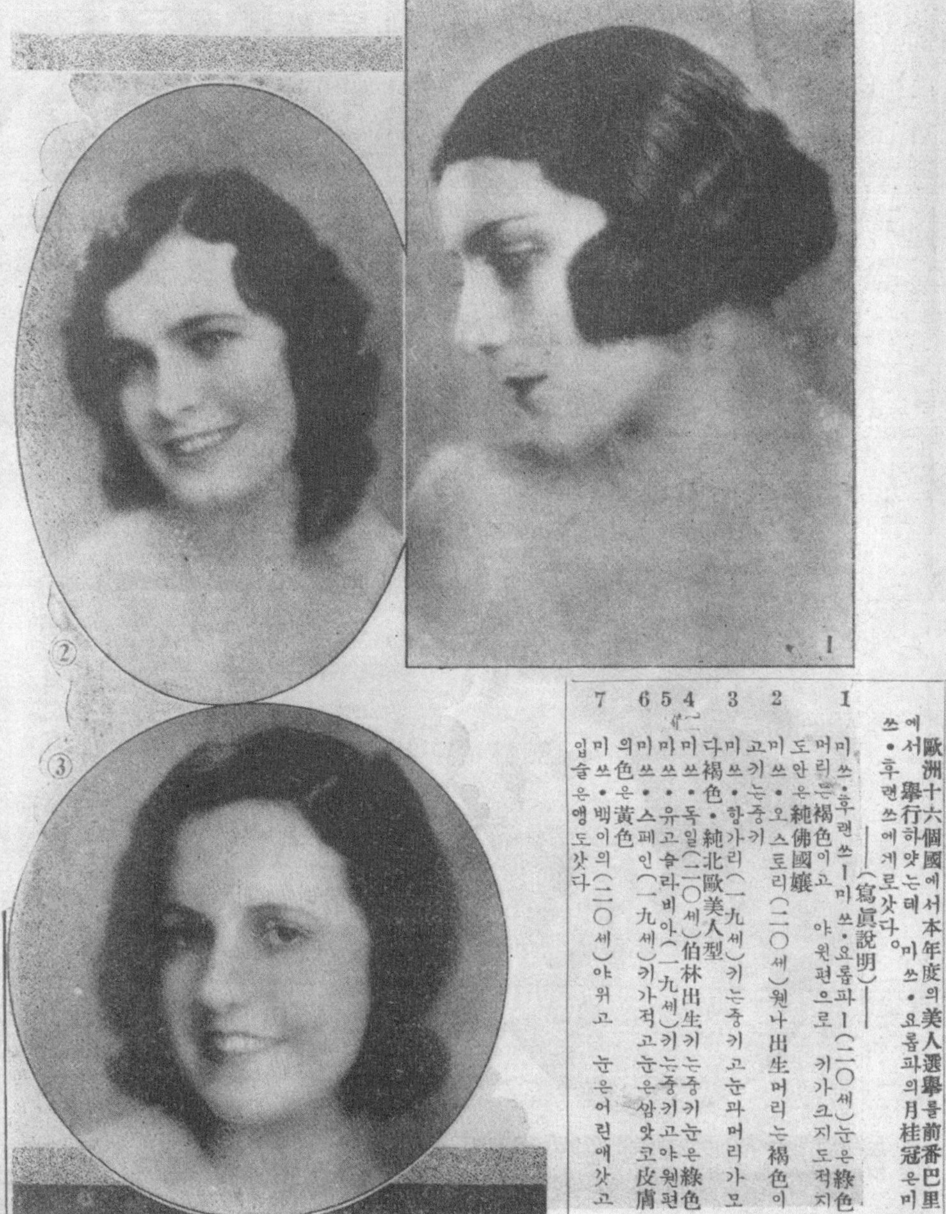

歐洲十六個國에서本年度의美人選擧를前番巴里에서擧行하얏는데 미쓰·요롭파의月桂冠은미쓰·후렌쓰에게로갓다。

—(寫眞說明)—

1 미쓰·후렌쓰—미쓰·요롭파—(二〇세)눈은綠色 머리는褐色이고 야윈편으로 키가크지도적지도안은純佛國孃

2 미쓰·오스토리(二〇세)웬나出生머리는褐色이고키는중키

3 미쓰·항가리(一九세)키는중키고눈과머리가모다褐色·純北歐美人型

4 미쓰·독일(二〇세)伯林出生키는중키눈은綠色

5 미쓰·유고슬라비아(一九세)키는중키고야윈편

6 미쓰·스페인(一九세)키가적고눈은쌈앗코皮膚의色은黃色

7 미쓰·백이의(二〇세)야위고 눈은어린애갓고입술은앵도갓다

⑥
⑦
④
⑤

全歐洲一等美人

1 미쓰・이태리(一八세) 머리털은조곰붉고눈은쌈앗코기는크고도야웻다
2 미쓰・러시아(一八세)
3 미쓰・오란다(一八세)
4 미쓰・덴막(一八세)
5 미쓰・에스토니(二四세)
6 미쓰・토르코(二〇세)
7 미쓰・루마니야(二一세)
8 미쓰・기리샤(二三세)
9 미쓰・잉글니스(二三세)

온게를들고 의사를조력하야 병을곤쳐주는것은 물론환자가어린이일쌔에는『자장가』를불러주며 녀자일쌔에는 둘도업는 이야기동무가되여주고 쏘한남자들이면『쏘프트』하고『카인드』하게 위로하여주며 모ー든더럽고무서운병균과싸워가며 죽어가는생령을 구하여주는일을합니다。이것은 직업적노동이라고하기보다 차라리 거룩한봉사생활이라고하겟습니다。세상에서는 그들을오해하는사람이만습니다。병자의하인노릇이나하고 쏘는 놀림써리가되는것이라고――아닙니다。그들의하는일이 아모리천함이라하드라도 그들은 거룩한천사와가티 세상사람의질병을구제해주는사도인것은 사실일것입니다。그러나 각인각색의병자를대할쌔 엇지감정이 천편일률로한결갓겟슴니까? 혹은 부자의자식이 고기를만히먹다가 위장병으로 입원한것도잇슬것이요 혹은공부하는학생이 연애를하다가 심화징으로 신경쇠약에걸린것도잇슬것이요 혹은 슴씩한화류병자를 대하기도하고 혹은금방최후의 한숨을모라넘기는 중병자도볼것이요 혹은정신의 이상으로해서 면도칼로자긔배를가르는꼴도볼것입니다。그 고생됨이 진실로말할수업슬것입니다。그러나수천녀성이 이직업에동하고잇습니다。―(게속)―

宗敎上으로본貞操問題

金秉濬

女子貞操問題말슴입니다 참어려운問題입니다 아직性的道德이發達되지못한 朝鮮社會에서 女子貞操問題를말하기는 참곤란합니다。 더욱히 宗敎上으로본다면 그宗敎의性質에따라서 各各다를것입니다。 말하자면 禁慾主義의宗敎에서 보는點과 自由主義의宗敎에서 보는點이 다를것입니다。 如何間 女子의貞操問題를 말하려면 먼저 戀愛의意義를 알어야하리라고 생각합니다。 웨 그러냐하면 眞正한戀愛에서만 眞正한貞操가생김으로써입니다。 그러면 眞正한戀愛란 어떤것일가요? 이에 瑞典女流思想家「에렌케이」女史의말에依하면 戀愛란 단순한肉感的그것도안이며 또는靈感的그것뿐도아니오 오즉 靈肉一致한 複雜高尙한그것으로서 이에伴하야 發達된貞操라야만 眞正한貞操라하엿습니다。 그러면 단순한 性慾的感覺뿐의戀愛는 오늘날世間에서이르는바 自由戀愛로서 이에伴한貞操는放縱에흐르기쉬운同時 그持

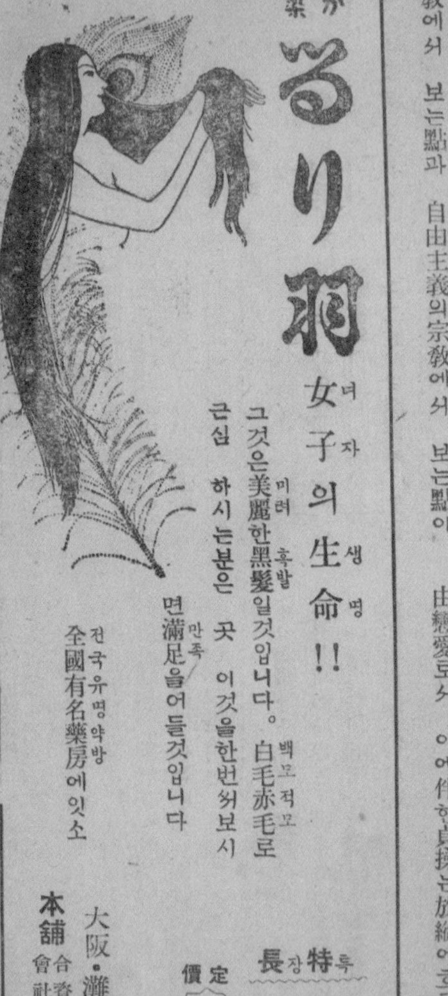

發現으로女子에게만貞節을요구하엿다 現在日本刑法에도 配偶者잇는女子가타인과 姦通한때에는 姦通罪가성립되나 妻잇는男子는다른女子와姦通하드라도 이는罪가안된다 民法에도妻는다른男子와姦通을하면 姦通하는그일뿐으로 즉시 妻된의무위반이라하야 男便은離婚을청구할조건이되고妻잇는男便은 남의有夫女을 姦通하얏다든지또는强姦行爲을하엿다든지하야 姦淫罪의刑罰을밧게되여야 비로소 그本妻는離婚을청구할수잇게되엿다。 즉 男便은刑法上姦淫罪를범치아니한청도 내에서는 어떠한不貞行爲를하드라妻는 그不貞을용인하라는말이다。 그러나 이는분명히男性社會에橫暴이다。 어떠리유로 妻에게守節의무를요구할필요가잇다면 피차간에 純愛誠實을理想으로하든 夫婦生活의한편당사자인남편에게도 妻에대함과가튼리유로 守節의무를요구하는것이 타당치안은가 이점에관한 재래의法規는 權衡維持를理想으로하는 法律根本精神에 矛盾되는不權衡을인정하고잇다。 근래女性社會의자각과 재래封建的思想의漸次歸淸等으로 法律은그矛盾을자각하게되엿다。

日本에서刑法設定을긔회로有妻男子의姦通罪를制定한다고만히論議하고잇다。 그러나 아즉실시는안되지만 불원간그法律은制定實行되고말것이다。 그때는재래刑法上不權衡이든男女貞操의무가 비로소權衡될것이다。 당연한일이라고생각한다。

이法律이制定되기前에 日本의法律運用에是高機關인大審院은 一九二七年七月에夫에게도 貞操의무가잇다고新判決例를내리엿다。 이事件은 어떤女子가妻잇는다른男子와 私通하는것은 남의男便된者의守節의무을위반케하는것이니 損害賠償책임이잇다고한事件으로 男子의守節의무를간접으로인정한데불과하지만 분명히재래不平等이취급되든男女貞操문제에대한法律의大覺醒임은 틀림업다。

이상말한것을간단히말하면 금일의法律은女性에게뿐만아니라男性에게도平等히 守節의무를요구하게되엿다는말이다。

검은잉크로 묵살을 당할쌔 현명한 氏는 거기에서 염증과 증오가 만엇슬것이다。 임이 그러한 직접경험에서 우리의고통을알고 사회제도의결함과 시대의모순을늣기엿거던웨! 산송장모양으로 쑴틀거려 밤먹을줄만아는가? 우리들은우리의머리가영리하면영리할사록 인테리적행동에서 버서나기힘든것은 실로지금의 이사회가 말하여주는것이다。 그럿타고 가정의 단쑴에 오래취함도 실로동무로써 용서치못할 한개죄악이라고도볼수잇는것이다。 氏의비약의반성과함쎄 일천만녀성의선두에서 그의긔염이쏘다나올것을바라는바이다。

朝鮮唯一의天才舞踊家

崔承喜氏

조선의자랑거리인 단하나의천재무용가! 崔承喜氏…하고보면 서울장안에잇는이치고는 三尺童子라도 그의 일홈을기억하리만큼 수차의 긔발한공연으로서 우리반도인을놀내게한이다。 일즉이 이學校를졸업하자 곳 日本에무용게에잇서 白眉의초人컴으로 세게일홈을날니고잇든 石井漠을따라가서 오랫동안무용을연구한이—나는氏를소개하기에 너무도 내붓이 갈팡질팡함을아니늣길수업다。 그는 임이세상이 천재무용가로 너무도 그내력을 만히아는싸닭이라고보는데서 미숙한이붓이둔하게 나감을 붓그러히생각하는바이다。 지금은 수송동 모교근처에 연구소를두고 氏의夫君 安漠氏와 안락한생활을하고잇다고한다。 들니는바에의하면 임신설이 분분하나 이것이사실인지? 엇흐로 만흔활약과 만흔 노력으로 이쌍에다 더 새로운의미의무용을민중에게 보여주소서。

同德女高家事先生

宋今璇氏

학생으로부터 가장 만히 총애밧고잇는이—가장신입을 만히밧고잇는이가 이 宋今璇氏이다 氏는 일즉이 이곳을卒業하고 곳 東京女子高等師範學校家事科를맛춘뒤 모교

* 『朝鮮料理製法』, 『朝鮮裁縫全書』, 『裁縫參考書』, 『女性生活은 엇던가』, 『過去社會와 婦人』.

本號揭載廣告一覽表

美容·化粧品

藥品·療法

書籍·粧身具

問題

新女性三月號懸賞問題

당신의제일숭배하는여성을 한사람만적어보내십시요 외국여자든지 조선여자든지 또는예전여자든지현대여자든지상관업습니다다상은제일만이드려온답안중에서일등을셉고차례대로각등을셉습니다

—(三月二十五日까지보내서야합니다)—

賞品 **一等(一人)세루치마한감 二等(二人)白粉한갑 三等(十七名)童謠集한卷**—(證者證붓처서)—

二月號懸賞發表

지난二月호의현상은 문제가 쉬웟든관게로 종래에보지못하든 대황성이엿습니다。그리하야 모다 드러온것 五千六百七十二枚中에서 아래와가티 二十이 당선되엿습니다。

『正解』 대답한自己·或은그와兄弟間

一等 開城滿月町二八一 金慶姬氏

二等 東京 李釆鳳氏 長淵 柳貞淑氏

三等

京城 劉德子氏	金堤 金仁愛氏
平壤 朴貞鳳氏	洪城 李鍾姬氏
群山 白順蘭氏	三水 石允玉氏
昌原 李起珠氏	陰城 尹平蘭氏
价川 全英子氏	京城 劉德子氏
蔚山 徐晨月氏	富川 尹貞姬氏
京城 崔敦姬氏	元山 崔貴粉氏
羅南 鄭愛利施	通川 車承花氏
奉天 申貞順氏	—(以上二十名)—

新女性

四月号

昭和七年四月一日發行 …一回一日發行） 昭和 … 日 第三種郵便物認可

1932 VOL. NO. 64

『신여성』 6-4 통권 46호

쪽수 103쪽 | 인쇄일 昭和七年三月廿八日 (1932.3.28) | 발행일 昭和七年四月一日 (1932.4.1) | 편집·발행인 車相瓚 | 인쇄인 田畯成 | 인쇄소 朝鮮印刷株式會社 | 발행소 開闢社 | 정가 20전

— 尖端女性의 모-던表情術 —

(上右) 빅따운 『完全히 征服當햇다는 意味』 (上中) 스텝! 『잠간만 기다리라는 意味』 (上左) 아! 하하하 『自己滿足의 表示』 (中左) 命中 『自己뜻대로 되엿다는 意味』 (中中) 흥! 것칩지간케 ……… 『별꼴을 다본다는 意味』 (右下) 『또 맛나요』 (下中) 『응 응 그래요』 (下左) 十字路 『아이그 엇더케할가?』

胃腸을強健케

인단은위장의소화機能을促進시키고食慾을돕고 健康을增進함

元氣를旺盛케

인단독특의適當한興奮은倦怠를멈추고 원긔를鼓舞함니다

입으로는 허울조케 남자횡포 부인해방을 부르지즈면서도 일상 안전(眼前)의문제 일체에대해서 녀자의 의견은 그것이 동성의입에서 나왓다는 단순한 리유뿐으로서 덥허노코 문제시하지안코 남자의론의에는 똑 가튼말이라도 무조건하고 승인하며 추수(追隨)하는 녀성이만습니다。

유색인종의 백인숭배·노동자의 지식계급숭배와가티 남성에대한 녀성의 이뺑옥적·미신적·우상숭배적 신뢰는 동성에대한 경모(輕侮)요 또한 불신용을의미함인 동시에 녀성의 사상적 예속(隸屬)을 스사로표종하는것이니 우리는 이 그룻된행동에대하야 완전한 극복(克服)이 잇서야 하겟습니다。

이것은 공부를 좀햇다는 녀자일사록무순 큰운동을 한다는녀자일수록 더욱 그러한 혐의가 업지안은것은 여간 한심한 일이아닙니다。

NO. 6 VOL. 4

* 원본에서 5쪽이 낙장되었다.

** 이성환의 「婦人과 職業戰線」은 부득이한 사정으로 이번 호 대신 다음 호에 실리게 되었다.

집오리뜬 련못도 수양버들도
녯날과다름업시 그자리에잇거늘
알기어려운 사람의마음 흘기는눈……
氷海의한가운데 쫏겨난敗北者의마음을안고
오오 나는 달도업는 밤길을 혼자 걸어
왓노라

님은가다
砂漠의熱風을 무섭다지안는 사랑도
사정업는 處女의찬우슴엔 식구맙니다
그러나 님이여! 冷罵의원인을 알니기도
권에
웨 눈물에저진 꼿비를 마다고 달어낫나
잇가
오오 봄이여! 오드라도 부대 내눈만은
가리워 다오

—一九三二·三·三—

님은가다

이詩를K孃께드립니다

朴露兒

님은가다
따스한 體溫도 그의 사랑도
어지러운 눈바람엔 식구맙니다
이즈러지는 달의 그림자와가치
우리들의 괴로운숨자최엔 아즉
붉은긔ㅅ발이 날니기도컨에
그에게써바든 겨을밤의愁懷를헤이려하니
폐허의 커므름에 웃둑선 한개의不忘碑를

* 필자들의 부득이한 사정으로 예고되었던 기사들이 실리지 못 했다.

半을뜨고 다음에는 八十코씩돌로 나누어서 한편八十코ㅡ즉 뒤ㅅ판(後面)만 八十코를가지고뜹니다。
뜨면서 량편겨드랭이를 주려가며 떠야하는데 한편에六코씩 주리여서 뜹니다。
매번한코 六회면 량편합하야十二코가주려집니다。그다음에 곳게 四寸을뜨고나서는 이제 압판(前面)八十코를 半四十코만가지고뜨

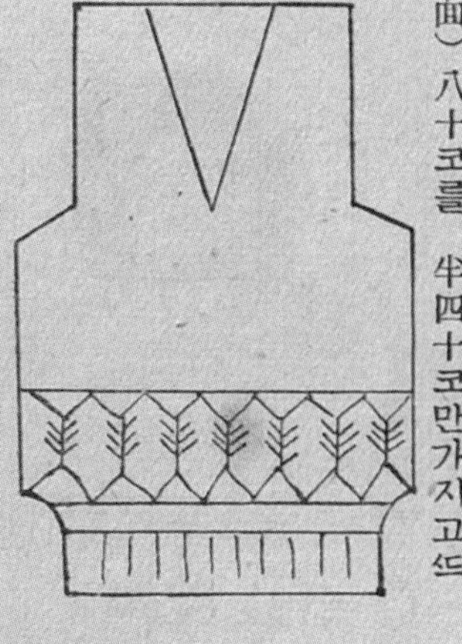

되 역시게드랭이는 뒤ㅅ판과가티 六코를주리고『깃』세는 한번걸너 주리기를뒤ㅅ판기리와 가치되도록 뜨십시요。
그리하야 압과뒤가 갓거든 바눌로한데꿰매시고 이제는 문의를느어야합니다。
문의는위의 그림과 가티 바눌로뜨십시요。 ㅡ(게속)ㅡ

六코
四寸
四寸半
메리야쓰編

그學校가 아메리가人의系統이니싸 그責任을 金孃에게 歸任식히는것은 無理한점일것이다。

피아노獨彈ㅡ金壽任孃의獨演! 이것은 當夜의 프로그람中의 가장 자랑할만한「다시모노」이엇다。피아노의 키ㅡ(Exc)우에 힌물고기가튼孃의兩手는 아름답게」그리고 민활하게 놀고 잇섯다。淸雅한 緊張된 멜로듸ㅡ의스텝이 하나씩 하나씩 나의가슴에 電流와가티 波及되여오는것이엇다。엑세렌트리꾸스(Excellently good!)! 우의식中에 나는 이러한贊辭를呈하엿다。

『人生과文學』ㅡ朴英愛孃의文學講話다! 孃은 現代의文明의物質化! 卑俗化를한탄하며 人生에게는物質과가티 藝術이 즉文學이必要하다는것을 孃의 獨特한濁音을가지고 魯鈍한語調로 約三十分의長講演을하는것이엇다 하나孃이여! 孃과가튼 藝術그自體를爲하야 獻身하는 感傷的文學少女들의 생각과는正反對로 오늘날의藝術은發展되여가는것을엇지하랴! 物質的文明와 관련해서만 藝術과文學을 생각할수잇다는 藝術을爲한藝術은 발서 過去의象牙塔

誌上編物講習 (2)

新春女學生 잠바

朴 漢 杓 述

朴漢杓式編物符號

○ 이것은아래로뜨는表
● 이것은위ㅣ로뜨는表
△ 한코쌔고다음뜨고씨우는表
∧ 한코걸고뜨는表
◎ 두코한테나려뜨는表
㊂ 한코쌔고두코뜨고씨우는表
⊙ 두코한데위ㅣ로뜨는表

이난을 넓으시다가 혹시 모르실 구절이 잇스시면 조금도 주저마시고 본사로 문의해주십시요 그러면 강사와 상의하야 친절히 대답해드리겟습니다。(編輯局)

—(材料)—

水色毛絲……………六온스
黑色毛絲……………三온스
竹針三號……………二組

이상의것이 준비되엿스면 제일 뜨기를 一회한다음에 아래와가티 처음에 水色毛絲로 一百六十코를 줄을맛춰서 鯨尺으로 약 三寸쯤 내여가지고 ○로두코 ●로두코씩 뜬다음에는 메리야쓰編으로 四寸

梨專卒業生

學藝會參觀記

—記 者

記者가 會場內에 드러섯슬때는 校歌의『코라쓰』와함께 學藝會가 막시작되엿슬때엿다。

첫째 李達男孃의 『新羅文化에對하야』의 學術講演을 拜聽하는榮光을가젓다 新羅文化의隆昌에對한 贊美와憧憬! 그리고 今日의朝鮮文化의衰頹에 對한恨歎! 그러한것을表現하는 美句의言辭가 길게羅列되엿다。 태도의大膽한점과 목소리의맑고 정확한점은 取할점이엿스나 말의內容이陳腐 그나마 暗誦한것을朗讀하는셈인지 中途에서각금말이막히고한점은 유감이라고 아니할수업섯다。

『業을차즈면서ㅣ』——金堅信孃의英語講演이다 豫想以上의流暢한語調에 나는感心하엿스나 發音이 아메리가發音인까닭에 英語의 젠틀한發音에比하야 라—프(粗野)한것이 잇는것은 나의귀에 거슬니엇다。하나 이것은 本來

新女性

五月号

19

VOL.6

『신여성』 6-5 통권 47호

쪽수 104쪽 | **인쇄일** 昭和七年四月廿八日 (1932.4.28) | **발행일** 昭和七年五月一日 (1932.5.1) | **편집·발행인** 車相瓚 | **인쇄인** 田畯成 | **인쇄소** 朝鮮印刷株式會社 | **발행소** 開闢社 | **정가** 20전

* 青在浩, 金南柱, 崔義順, 薛義植, 李學得.

** 정영순의 「메-데-와 婦人」, 김선비의 「싸벳트·婦人生活」를 비롯한 여러 기사가 부득이한 사정으로 실리지 못 했다.

사랑하든부모들을 뒤로두고 멀니멀니서울을향하야 떠나게되엿습니다。 긔차로 하로밤을 자고나서 그잇든날 아츰에 어지러운머리로 서울정거장에나리니 처음에는 엇지나복잡한지 무엇이무엇인지 당초에정신을 차릴수가업섯습니다。 어대를가는지도모르고 그양복쟁이가 가자는대로만따라가니 지금생각하면 뎐차로만 한사십분은가서 어느컴컴한거대한건물이 잇는곳으로 들어갓습니다。 거긔서부터 나는 긔숙사에잇게되엿습니다。 긔숙사에서 먼저사감되는사람압헤불니여여러가지의주의를밧는것은 물논이엇습니다。

첫재 긔숙사의규측을 잘직혀야할것。
둘째 웃사람의말에 절대복종할것。
셋째 허락업시는 외출을못할것。
넷째 함부로창가나 휘파람를 불어서는안이될것。 등등의 긔억조차하기어려운여러가지주의를 들엇습니다。

이러한구속밋헤 처음의긔숙사생활이 시작되는동시에 그잇든날부터 내가 그러케동경하고 사모하든공장생활의 ABC가 시작되엿습니다。 시골서 그러케 사모하

그러나 명도는 커만구두를 벗고 올라서서 기석에게 올라오란말은 하지안코

『곤하시겟습니다 또 한참 가서야겟지요』하엿다。기석은 우물쭈물하고 얼는대답이업섯다。그리고 게회적으로 명도의입에서 자고가라는말이 나올까하고 이런말을하엿다。

『혼자주무시기 무섭겟습니다』

그러나 명도는

『무얼이요 나 무섭다지안어요』

하엿슬뿐이다 기석은 다시이런말도 내어보앗다。

『시외에는 도적이 만허요 도적이요……』

『도적이요? 그럼 문을 꼭꼭 걸지요』

할빌업시 기석은 물건배달왓든사람처럼 『안령히주무십시요』하고명도의집을 나섯다。그러나 참아 발길이 나가지를안엇다。『이런 기회를!』하고 기석은 옛번이나 거름을멈추고 생각하엿다。생각하면 생각할사록 발은 쳔근처럼 묵어웟다。그래서 가까스로 정거장까지오기는왓다가 쳔차도 기다리지안코 무슨 볼일을 이즌사람처럼 불이나케 온길을다시 다름질치엇다 명도가왜돌우왓느냐물으면 쳔차가 끈어졋다고 어름어름하고 문을 열어달랄 작정이엇다。

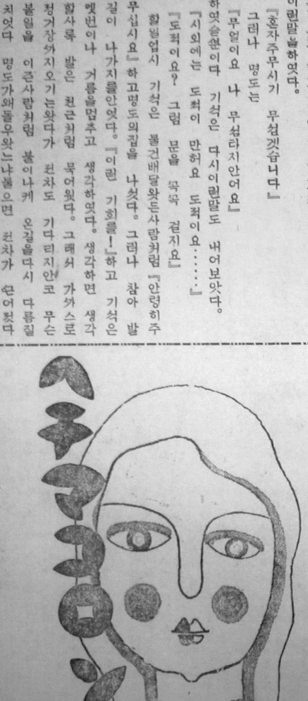

——(게 속)——

新女性
六月號
1932

『신여성』 6-6 통권 48호, 육월특집호

쪽수 112쪽 | 인쇄일 - (비고 : 판권지 낙장) | 발행일 - | 편집 · 발행인 - | 인쇄인 - | 인쇄소 - | 발행소 - | 정가 -

金鶴香油

머리를 반즈르르 하게
하고 毛髮의成長을도와
항상자랑할만하게 艶艶
한黑髮이됩니다。

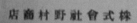

株式會社野村商店

---

* 영인본에서 7~10쪽이 낙장되었다.

* 李光洙, 許英肅, 朱耀翰, 崔善福, 河允實, 金一葉

---

* 영인본 71면에 70면 기사가 중복 게재되었고, 71면은 낙장되었다.

* 영인본에서 113쪽 다음 지면은 모두 낙장되었다.

『신여성』 6-7 통권 49호

쪽수 114쪽 | 인쇄일 昭和七年六月廿八日 (1932.6.28) | 발행일 昭和七年七月一日 (1932.7.1) | 편집·발행인 車相瓚 | 인쇄인 田畯成 | 인쇄소 朝鮮印刷株式會社 | 발행소 開闢社 | 정가 20전

カガシ粉白粉

냄새가가장향긔롭고!!
빗갈이新鮮하고!!먹기잘하고!!
그리고가장모―던인白粉입니다
特히여름철에는カガシクリーム으로상쾌하게빗
울히게한다음에이가루분으로장숀질하면、고로
게되여 결코化
粧이망거지지안
습니다。

三十錢・五十錢
白・肌・桃色의三種、

カガシクリーム

カガシクリーム은바르는맛
이爽快하고、살갈이부드러워질뿐만아니라더욱히이크림獨
特의美白作用에依하야분기업고、산뜻하게빗이히여집으로
●●女學生과中年婦人의淡化粧대신에
벼레걸지안는데 斷然最適

二十錢・三十錢
五十錢・一圓

* 영인본에서 11~16쪽까지 낙장되었다.

女流社會運動家

許貞淑 氏

氏는世上이 잘아는 女流 社會運動家이다。培花學堂 시절의 第九回 出身으로 當時 그의父親이신 許憲씨가 이학교와 因緣깁흔 宗橋敎會의財務部長으로게시엇슬뿐아니라 그도校에서 총명하고 활발하고 學科方面에도 優秀한成績을으로 아주귀엽둥이 地位를獨占하시고 게섯다한다。

今年에스물아홉! 學校를나아오신후로는女校문의解決을위하여공헌하신것 特히米洲를단여온前後의活動은그만두시고라도 이번 出監하신후에는 새로운社會機關에立脚하여 입의 民衆에게解放된女性戰線을위하여 힘쓰시겟다는것도 期待큰抱負이다。

家庭에는아주 父母님이 俱存하시고 세분의 귀여운어린아기까지잇스며 이번에 出監후 새로히 太陽燈療法硏究所를 설립하고 自身이親히 所長의 任을마트시엿단다。 이는 現在亞米利加나 歐羅巴에서 大流行하는 太陽光線을 利用하야 病者들을 치료하고 또는 弱한者를 건강케하는 物理療法이라한다 社會運動線上에서 리더ー로서의놀나운活動을 보여주던氏는 갑잭이그코ー쓰를변하야 새로운方面에로進出하드라도 역시 조선의女性運動을 爲하야 만흔 指導와 聲援이잇슬것을밋거니와 생한 새로운事業을 爲하여서도 만흔努力이잇스시기를 빌어마지안는바이다。

안에 쌀가마니가셋이나 굴러 왓다면 첫재 둘데가잇슬것인가 쌀가마니둘데로 그들은 또 의견이 충돌해서 그는항례(恒例)대로 집을나왓다。 역시야시를 한박휘도라한시간쯤지난후 집에도라오니 안방건너방에 모다불이써젓다。 놀라『스윗치』를틀고보니 아! 이것이 무슨 참혹한 광경이냐 그의안해는 입에서붉은피를 흘리면서 쓰러저잇고 그겻테는 『네쇼이라즈』의 상자가!

「여보 아 여보 여보!」그는 불러도 불러도 한번간그의안해가 대답할리가어데잇스랴 이마를지퍼보니 아즉따뜻하다 그는엇더케할줄을몰낫스나 여하튼의사를불으러이러섯다。 뛰어나가려고할때 숨이임의끈어지려는그의안해가 단단이 그의두다리를 감아쥐엇다。

「앗」하고 그는그자리에 넘어젓다 누구나놀나지 안을것인가!

『당신의 말하던대로 쌀은부억압헤노코 거기는쥐가만흐니까 이 「네쇼이라즈」를 사다두엇지요』

태연자약 이따위수작을한다。 화장용의 연지로「메이크업」한「트릭」이엇다。

그들은 다시셔안고 의미업시 울엇다。

여하튼 그들의부부는 이러한생활을하고잇다——아니 하고잇섯다。

그러나 지금도이러한 작란을하고잇는지 나는모른다。

新女性

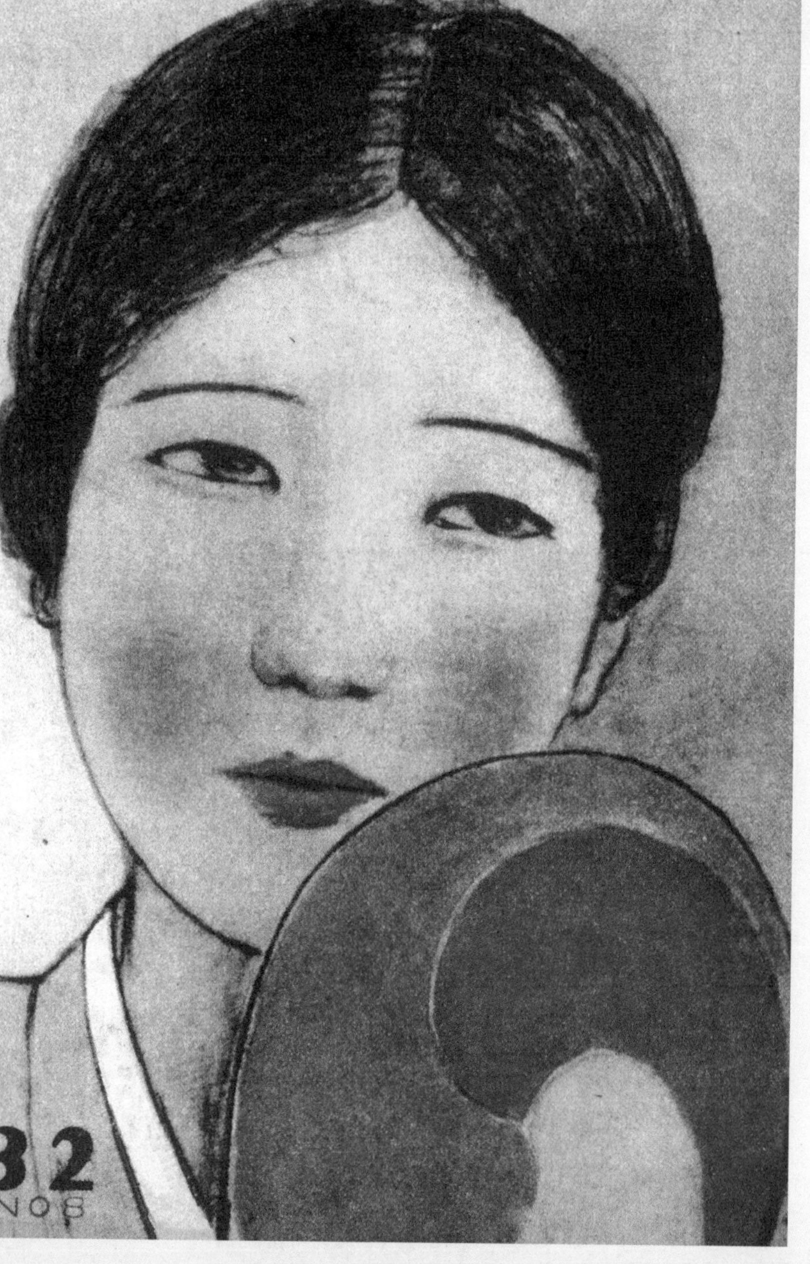

八月滌暑讀物號

1932

OL.6.NO8

『신여성』 6-8 통권 50호, 팔월척서독물호

쪽수 114쪽 | 인쇄일 昭和七年七月廿八日 (1932.7.28) | 발행일 昭和七年八月一日 (1932.8.1) | 편집·발행인 車相瓚 | 인쇄인 田畯成 | 인쇄소 朝鮮印刷株式會社 | 발행소 開闢社 | 정가 20전

李·張·李給仕	編輯餘言	114

판권지

孫英淑	[女人隨筆] 이겨다고(略)	

新女性

新女性 第六巻 第九號 昭和七年九月一日發行（毎月一回一日發行）

1932

VOL.6. NO.9

九月新涼特輯號

『신여성』 6-9 통권 51호, 구월신량특집호

쪽수 110쪽 | 인쇄일 昭和七年八月廿八日 (1932.8.28) | 발행일 昭和七年九月一日(1932.9.1) | 편집 · 발행인 車相瓚 | 인쇄인 田畯成 | 인쇄소 朝鮮印刷株式會社 | 발행소 開闢社 | 정가 20전

표지	챙 넓은 모자에 웨이브 단발, 화려한 블라우스를 입은 여성	
광고	金鶴香油	表二
광고	風鳥メール	表三
광고	中將湯	表四
광고	『어린이』 九月號(개벽사)	
광고	ヘチマクリーム	
목차		
광고	ヘチマコロン	
광고	メヌマポマード	
광고	美神丸	D의一
광고	喜谷實母散	D의二
	[畵帖 : 寫眞] 가을은 먼저-수수대 위를 넘어서!	
	[畵帖 : 寫眞] 九月의 味覺	
	[畵帖 : 寫眞] 白鷺와 圃隱 어머니 詩調	
	[畵帖 : 廣告] 구라부白粉	
광고	惠乃玉	D의三
광고	ペルメル	D의四
광고	ノーシン	D의五
광고	『別乾坤』 九月號(개벽사)	D의六

金鶴香油

머리를 반즈르르하게
하고 毛髮의成長을도와
항상자랑할만하게 艶艶
한黑髮이됩니다.

金鶴ポマード

* 영인본에서 5~8쪽까지 낙장되었다.

* 백로자의 「日女大生의 懺悔錄를 닑고」가 부득이한 사정으로 실리지 못 했다.

** 許英肅, 車相瓚, 徐椿, 宋今璇, 朱耀翰.

新女性

『신여성』 6-10 통권 52호, 십월특집호

쪽수 114쪽 | 인쇄일 昭和七年九月三十日 (1932.9.30) | 발행일 昭和七年十月一日 (1932.10.1) | 편집 · 발행인 車相瓚 | 인쇄인 田畯成 | 인쇄소 朝鮮印刷株式會社 | 발행소 開闢社 | 정가 20전

保温一晝夜
ハクキン懷爐
학긴
그리운保温
가을바람이 몸을음습할때엇지하지
못하게하는「학긴」의ᄯᅡ스하맛……
해마다大衆化를도모하야 今年에는
참말로新品의大提供입니다……
一回一錢의費用으로一晝
夜安全하게保温할수잇는
便利無上한科學無灰懷爐
角型 一圓五十錢
小型 一圓四十錢
小判型 一圓

* 부득이한 사정으로 이번 호에 실리지 못한 기사는 다음과 같다. 朴順玉 : [評壇] 先輩女性에게; 李瑞求 : [漫文] 모던-女性의 新形態; 宋桂月 : [小說] 强制歸農; 李貞求 : [詩] 비는 개엿는데; 李永哲 : [小說] 그의 옵바; 安夕影 : [隨筆] 가을과 내 마음; 崔貞姬 : [隨筆] 女人의 노래; 崔仁培 : [小說] 妄想.

** 兪珏卿, 林孝貞, 崔善福, 李良善, 宋桂月.

新女性

SIN NYU SUNG

十二月號

193

VOL.6. N

『신여성』 6-11 통권 53호, 십일월특집호

쪽수 112쪽 | **인쇄일** 昭和七年十月三十日 (1932.10.30) | **발행일** 昭和七年十一月一日 (1932.11.1) |
편집·발행인 車相瓚 | **인쇄인** 田畯成 | **인쇄소** 朝鮮印刷株式會社 | **발행소** 開闢社 | **정가** 20전

二二년 청년당의제일차 대회에서는 한가지중요한강령이제의되얏다。「본당의목적은. 몽고국민을외국자본주의의압박에서 버서나게하며 외몽고의독립을확보하며 국내로는 노동민중의참된자유및 문화적생활의향상을도모함」이라고。

이것으로보아도 몽고에로시아의세력이얼마나큰것인가를취측할수잇는것이다。이와가티 몽고에는 로서아의세력이차차로커젓스며 一九二四년十一月에대국민외회는 수도(首都)고룬(庫倫)이라는명칭을「붉은영웅의도시」라고일홈을곳쳣다。그리고동시에 몽고노동국민권(勞働國民權)선언이발표되엿다。그리고 그가운데서 그선언은 봉건제도의철폐와 외국자본주의의배척과노동국가의성립을 지지하며주장하고잇다。

그리하야 오늘날에와서는 몽고는형식으로보나 내용으로보나 중국의통치아래서버서나서 완전한독립국가로되여잇스며 또현재거긔에대한구체적행동이전개되고잇는것이다。

最近의 印度消息

영국정부가 임의대로 결정한 민족차별로 인도지방선거제도에대하야 옥중에잇는「간듸」씨는 심한격분가운데 비장한결의(決意)를하고 二十日부터 단식(斷食)으로서 ×우게되엿다。거긔에대하야 인도영청에서는「간듸」씨를석방한다는등의말이만엇스나 결국그것의중심원인이되여잇는 민족별선거구(選擧區)제도도근간에해결을보리라고한다 그것은 즉二十一日에「간듸」및「안베도카ㅣ」양씨와 함께「라야고다라차리」「사풀ㅣ」양씨립안(立案)아래서 공동선거구제하에 피압박계급으로부터도상당한대표자를 내게할것을보장한다!는제의를원측으로 승인되엿다。

여긔에대하야 간듸씨는아무리 타협이될지라도「맥드날드」수상이 친히승인하기전에는단식을 그만두지안는다고말하고잇다。

* 부득이한 사정으로 실리지 못한 기사는 다음과 같다. 趙靈出 : [詩] 어머니여 눈물을 씻치소서; 白鐵 : [壁小說] 그날 저녁; 李東珪 : [壁小說] 子正後; 權煥 : [詩] 그이의 집; 白鐵 : [論說] 푸로레타리아 作家의 안해; 宋桂月 : [評論] 許貞淑論; 李鶴得·宋桂月 : [내 고향 젊은 女性들의 展望].

新女性

SIN NYU SUNG

十二月號

193

VOL.6.NO.1

『신여성』 6-12 통권 54호

쪽수 112쪽 | 인쇄일 昭和七年十一月三十日 (1932.11.30) | 발행일 昭和七年十二月一日 (1932.12.1) | 편집·발행인 車相瓚 | 인쇄인 田畯成 | 인쇄소 朝鮮印刷株式會社 | 발행소 開闢社 | 정가 20전

* 부득이한 사정으로 金波의 「朝鮮 女性運動의 今後展望」, 安光浩의 「쑤르조아 페미니즘의 正體」, 崔仁俊의 「누구의 하나님이냐」가 이번 호에 실리지 못 하였다.

* 111쪽과 112쪽의 일부가 훼손되어 기사명과 저자명을 정확하게 확인하기 어렵다.

新女性

1933 新年號
VOL. 7. NO. 1

『신여성』 7-1 통권 55호, 신년호

쪽수 120쪽 | **인쇄일** 昭和七年十二月三十日 (1932.12.30) | **발행일** 昭和八年一月一日 (1933.1.1) | **편집·발행인** 車相瓚 | **인쇄인** 田畯成 | **인쇄소** 朝鮮印刷株式會社 | **발행소** 開闢社 | **정가** 20전

* 목차에는 저자명이 "朱耀燮"으로 표기되었다.

** 金泰任, 毛允淑, 李應淑, 孫初岳, 金慈惠, 宋桂月, 蔡萬植.

겟다。

다음에新女性이 여기커기서주서 모흔理想은朝鮮現實과는 엄청나게別다른內容을가지고잇기째문에 그들의苦腦와悲劇이더한층커진다。新女性이理想하는바理想的家庭은 現實朝鮮에서可能할것이못되고 米國이나露國等地에서만可能한理想的家庭이다 쉬운말로 말하다면 그들은「눈이 넘우 놉하지엇다!」그들이空想하는바理想的남편이될資格을具備한朝鮮男子는 아바도十萬名의一人쯤이나잇슬가말가하다。活動寫眞늘보고 小說을읽어 自由戀愛의달콤한맛「스윗홈」의香氣를想像만은 宏壯히할수가잇는데現朝鮮서는 自由도拒否되여잇슬뿐아니라 適當한相對者도업다。그러니 이게기맥힐노릇이아닌가? 그러타고 또乾坤一擲! 모ㅣ든것을 超越해버릴勇氣가잇느냐하면 그러치도못하다그래서 오직 幸여나! 幸여나! 하는가운데 낫살만작고먹어가는것이苦痛이다。그래서나이를三年도속여보고 五年도속여보고! 그러나쉬지안코가는歲月을어이하랴! 여기에現朝鮮新女性의一大悲劇이날마다달마다到處에서 出演되고잇는것이다。

×

以上에잇서서나는 朝鮮女性의動向을 가장客觀的으로解剖해보려고努力하엿다。그들의動向을指示하려한것이아니라 오직現實그대로를묘사하려해본것이다。그런데그結論은結局悲劇에到達하고말엇다。이悲劇으로부터 救援할길은어데잇슬까? 그것은 나는모르겟다。아마도女性自身들이스스로 새길을發見하고 開拓하지안으면아니될것이다。더욱이新女性의억개우에 그무거운짐이모두실니여잇는것이라고볼수박게업겟다。勿論敎育者의責任도重하다그러나 女性敎育의確乎한哲學을樹立해주어야할사람도新女性先輩中에서 發見하지안으면안될것이라고 나는본다그런데아직까지 나는新女性의指導者가될만한新女性을구경하지못하엿다。이것은 朝鮮社會의커ㅣ단悲劇이다。

무엇보다도勇氣가不足한것갓다。아아男女를莫論하고朝鮮人全體의 가장큰弱點이勇氣不足인듯십다。根本解決은勿論社會全機構의 ××的××과同伴할수박게업는運命을가지고잇는것이니까 여기서論할 性質의것이아닌줄로안다。(一九三二年十二月五日)

戀愛結婚秘帖……金玉葉

李貴禮와 林和

한때는 세게푸로레타리아ㅡ트의 굿센투쟁의 사명을 메고 동분서주하든 게급의투사 李北滿의 貴여운누이동생들중에서도 北滿의 사랑을 가장만히밧는 李貴禮와 카푸예술가로 리론의선구요 지도자며 카프詩人중가장 독톡한 예술미를가지고 세게푸로레타리아ㅡ트의「집」을노래하고 ××하는林和와의두분이 달큼하면서도또한 쓰라린연애생활에서 결혼생활에까지 이르게된곱고도매되가거치른 사랑의 비단실수러미를 푸러드러가기로하자。

◇

연애시절을찾는 이야기는 東京시절의두분으로 날라간다貴禮는 서울서 ××보통학교를 우수한성적으로졸업하자 그때옵바 北滿이 東京서 무산社를경영하며 게급운동에진×명을 지고 투×를할때엿다。자긔의뜻에맛고 또 사랑하는동생을 재래의 묵은인습에묵겨서 바누질과 남편공대법으로키워 시집보내기는 너무도 그재질이며 옵바의 사상이 큰것이엿든것이다。그래서아버지와 어머니는 물론쥐도새도몰르게 東京으로다라갓다。나이겨우十四세된 어린소녀――겨우 싹도든나무에꼿봉오리도 맷치지못한소녀엿스나 희망에어린 貴禮엿섯다。그때 貴禮를맛나는이들은「애! 멧살이냐?」하고는 모도들「잿내비」놀리듯 어린애 놀리듯 하엿섯다。

나희는 비록어리엇스나 그러나 옵바 北滿의총명과지혜를 논아가진 그는 누구에게나 그재질이 알려지어서 영리하고 삭냥한―장래성이풍푸하다는 인정을밧게되엿다。

여긔에 혜성가티 나타나 묘한수단과 긔발한××××로 동지간에 신임을밧든 林和라는 청년이낫타낫스

라는 위대하고도 굿센의지와의지와의 결합은 재래의 황금의장식으로 쌓여진결혼식보다 오히려 화촉의성전다운 진실미가 잇섯든것이다。

——가난한신랑과신부는 다다미방에서 멧동무들의축복하는 구든악수를바들면서 어느겨을날 피로연을베풀엇다——。

×

『キッチャン』

『으—ㅇ!』

『지방에가는책의 발송이늣지안케 속히하란말이야』

푸로레타리아예술동맹의긔관지 集團을발송할쌔면 멧멧동지와가티 貴禮는 함께분주한활동을한다。

두분사이에는 금년이 한돌되는 귀여운 따님—역낙업시 貴禮를닮은 따님이 林和의무릅으로 엄마貴禮의것으로 앙금앙금긔여단인다。

崔貞熙와 金幽影

요새 女流作家群中의 신진으로대두한崔貞熙와 영화감독으로 만흔수양과 교양을닥가오는金幽影과 그날의달콤한 사랑이야기를 들어보기로하자。 그러나 독자께현께 먼저말해둘것은 버선목뒤집듯 사랑의비밀의 최후의조각까지를 들처내고 명주저고리깃달듯가는바눌로 다 꽁꽁박어가지안코 헌부대쪽깁드시이분들의 이야기는 굵직 굵직하게 돗바눌로 기워가듯하겟다는것을 미리말한다。

◇

이야기는 지금으로부터 二年전 바야흐로 짓허저가는 봄날의 화창한쌔로 올마간다。

나·오래전부터 北滿과 가튼사명을띄고 한무대에서한 가지연긔로서 활동을자랑하든 지금의 詩人林和다。극예술에 남다른포부와 재질을가진 林和는 나어린少女동생의귀여운동생貴禮를 친동생가티사랑하얏다。아모이성적 교켸도 거리김도업시 지도와 교양식히기에힘썻다。그리하야 그쌔며지금이나 가장 아주푸로극장으로 인정밧는 무산극장으로 貴禮를 소개식혀드려가게하엿다。이것이 동긔가되여서 자연한집에서 자취생활을하게되엿다고한다。

세월이 흘르는물가티 흘러가서 어머니의따듯한젓가슴이、그립고 그음청이 사틀하야 다다미방을동동구르며 서른눈물로울든쌔도 흐르는세월이 씨처가고만뒤의 오는그리움! 그것은 어!머니의뜨겁고 거룩한사랑—

—옵바가 지성과 진심을 다하야 사랑하는 그사랑을 어느듯 씨서바리고 붉게뛰노는 심장에는 이성을그리우는청이 고요히 진을치기시작하니 그누구라할것업시 그리워만지는감회가 어린가슴을 보채게하엿다。

날이쌋히고 달이감을따라 무거워만오든 공상을헤치고 찰란하게나타난이성! 그는 이태리형의남자라기보담 오히려 미덤직하고 숫숫하고 씩씩해보이는 겨테잇는林和의 환영이엿다。

林和역시 이역의 쓸쓸한방에서 사업에 친정신을골몰식히는것이엿스나 피쓸는 청춘이라 엇지 이성에대한 그리움이 잡잣스랴!! 바야히불타오르는정열은 왓삭 왓삭피여오르는 아궁이어리려는 홍장미를! 쏫향긔에취한범나븨가 어떠케그대로 지나가랴(두분이여 붓이이와가티 장식함을용서하라!)뛰노는정열과 정열은 사랑의줄이 서로서로를 얽어주기쇼려아니하엿다。

北滿의동의로 몃몃동무들이 립회하에서 만리이역의 가난한차림차리로차려진 신랑신부이엿스나 천군만마라로 한손에집어치리

『하로종일의피곤 하루온종닐의로동의불쾌는 우리애의 한번「햇죽」하는웃음이씨서버린다오! 아마이것이모성애 그것이고 약한어머니를강하게맨드는큰힘인모양이지?』 벌서 貞熙의입에서는 이러한 불타는모성애가 용소슴쳐흐르고잇다。

崔承喜와 安漠

조선의괴롬을 춤을통하야 속삭이어주고 헐벗고 가난한무리의우름을노래하야 위로해주든—반도가가진 단하나의 외로운舞姬 崔承喜! 情熱의舞姬崔承喜! 그는 귀국이래사개년동안을 三千里 젊은이들을 힘의동무로 삶의애인으로 이강산의 업지못할한개의 보배엿다。 이광채찬란한海王星의 심장에 활을견우어 마처볼가하는사나히가엇지 우리조선의 젊은이들뿐이엿스랴?

××에서도 ××에서도 그의곱고 아담한맵시를 그리위하게되니 거리가 멀다면 먼—그땅에서까지 海王星承喜의심장에 화살을 견운이가 한두사람이아니엿다。

그러나 좀처럼 그별은 갓가워오지도안코 또마치는이도업섯다。 한때는 백만장자모씨의활에마저 넘어갓느니 소설가 S의열정에타는 활촉에 녹아떠러젓느니 그외에도 여러가지풍설이 꼬리에 꼬리를물고 장안을거처 조선의방방곡곡까지 풍설의연긔는 자욱히쌔췻스나 기실은찰란별빗헤 화살은공중에서 사라젓다는것이라한다。

◇

돈잇는사람은돈으로 문필가는 붓어번질못한열정의문구로 나날이 제비가티 호려들려고하엿스나 모—도물거품으로돌아만가고 一九三一年새봄이바야흐로 무르녹

그쌔의 貞熙——大阪한모퉁이에서 천진란만한어린이들을다리고 매일가티 천진하게노는처녀는 날이가면갈사록이 곱게피여오르는 쏫밧에안저 공상의날개를펴고 고요히 한심짓는다。 솔솔봄바람이싸뜻하게불어오고 시냇가버들닙이 연두빗으로 짓허가니 무한히도 고향의 봄바람과 조선의그푸른버드나무가 애닯도록그리웟다。 봄하날의유혹! 대자연의 모험은(?) 거기그대로안두고 그처녀를 한양성안으로 옴기어오게하고야 말엇다。

가련한——애수에 어린고흔처녀貞熙는 오—그리운한양아! 하고 적은입으로 힘썻웨치며 가슴이쌔근하도록 한양성공기를 가슴에드리안으면서 직업을전환식혀 어느생명보험회사 외교원으로 다니기로하엿다。

그러나 이직업은 그의희망한직업이아니엿스니 그의 가슴속에 커다란포부는 영화게에나가보려든것이엿다。 무엇보다도 그는 그쌔가장 영화게를 쏫업시 동경하고 그希望이 실현되기를 바랏섯다고한다。

◇

쌔마츰 東亞日報紙上에 雙曲線이란 씨나리오가 兪鎭午氏와 李孝石氏의합작으로발표되자 그것이 영화화하야나온다는소문이 우루루루 다름질처돌아단이엿다。

그리고 그「雙曲線」은 영화감독으로 활동을개시하든 徐光霽 金幽影두사람의감독으로 제작에착수가되엿스나 거긔등장할만한인물중에 적당한녀배우가 업서서 문제가되엿다。 그리하야 崔承喜를비롯하야 몃몃녀성을 움죽여보려하엿스나 영화에대한리해가 부족한탓이엿든지 거절을당하엿다。

· 그러든중에 어느날 ××洞영화촬영소문압헤와서 기웃기웃하다가 무엇을결심한듯이 방문을여는이가잇섯스니 그는 崔貞熙엿다。 연애의우연은 이상한것이다。 그쌔 그방에는 金幽影혼자만이잇는쌔엿다。 짓구진사랑의신은 이들의신경을손쉽게흥분식혀 그뒤부터 두사람은 서로차저오고차저가라는 사랑의신의명령만을쏫게되엿다

그러나 그쌔 그작품에나타나는녀성과는 거리가틀녀지는점이잇서 일은그대로가라안고 연애의신의 작히만이 필요하게되엿고 그뒤얼마안잇서 金幽影은 잡지를하겟다는「가모」(돈잇는놈팽이)를 붓잡게되엿다。 그리하야 金은 일약잡지업자로 방향을전환하고 崔는 일약녀긔자로「時代公論」(그쌔그잡지)을해나가게되엿다。

◇

창덕궁큰대궐압 어느국수집이층을비려서 어느듯 사랑의보금자리로 時代公論社사무소를 가지게되엿다。 이것이 이두분이결혼하기까지의경로이니 그외의여러 에피소—드는 슬적 쎄써리기로한다。

두분의사이에는 옥동자한분이생기엿스니 아버지반닮고 어머니반닮은 귀엽고 동글동글한 애기도령이다。

기시작하든쌔 安漠이라는 姓名못듯든총각과 화촉의성권을 베푸럿다。놀랜것은 화살을견우든 젊은이들뿐이아니엿다는것은 독자여러분이 익히잘아실배다。

이제 무엇보다도 아지못해 애쓰는 承喜女史의연애비담——우리는 이것을 성큼성큼 거죽에 나타난이야기만 탐문하야 실마리를 풀기로하자。이야기는 이것도 동경으로간다。

石井漠무용단의 어엽분舞姬! 崔承喜! 그는 조선의딸로 그쌔함쎄춤추든花形 石井浪子(石井漠의딸)보담 그재질이 장래성잇슴을말햇다—는記事가 신문마다 페ㅣ지를차지하게되니 그쌔조선청년은 누구나 崔承喜! 오! 그를한번이라도맛나보앗스면! 하고 젊은이의가슴을 애태웟섯다한다。그런그사람들중에도 早大露文科에學籍을두고 푸로레타리아 思想에공명하야 무산신문을경영하든 미렴직 하다든 사나희가 가슴조린남성중에 더가슴을조리엇다니 그가곳 지금 푸로레타리아예술진영내에서 활동하다가 다시 學海에노혓는 安漠이다。그러나 외쪽사랑의불이 왕성하여갈사록 적은이학생은 海王星의찰란한 자태에대하야 엇더케햇스면조켓다는 푸랑을내세지못한채 해는거듭되고 흘러가고한뒤 一千九百三十年어느가을이라고한다。崔氏의옵바ㅣ문인으로 영화인으로 만흔활동을하든 崔承一이 부지런히피아노의 멜로듸ㅣ에맛처 무용을연습하고잇는承喜의 귀여운자태를 웃음먹음고 바라보다가 입을떼여

『承喜야! 그리밥부지안커든 건는방에 손님이왓스니 나가보지그래!』

한참 연구에몰두하여잇는承喜는 귀찬으면서도 옵바의명령(?)에 조용조용히 건는방에발옴긴순간! 거긔는 학생복에 금단추느린수집은남학생과 옵바와두사람이안저잇섯다。

연애의神의위대한축복이엿든지는몰르나 옵바承一의인사소개의 자상한것이라 번갈아눈치채여보는 옵바의親線이라:·한번도 쒸여노라보지못하든 그의붉은심장이 갑작스레쒸여지고 쏘묵어워젓다。한편에 엇더한태도로 나를대하여줄가하고 약간붉거진얼골을만지는대신 기름써반드르르흐른머리를 위로제치는학생은 일변처녀의처녀다운 신비스러운행동에 모름직이감동되여 긴장하든 마음이 안심노코 이야기하는사이에 承一옵바의자태는 사르르쇠리를감추엇다。그날은그러한대화로 그학생즉安青年은 집으로도라간뒤 承一옵바는 누이의행동에 아무이상업슴을짐작하고 그청년과의 가약을말할쌔 承喜는 아모대답이업섯스나 그러나 그의붓그러워하는태도는 그것을긍정하는것이엿다。그리하야 해가박귀고 쇠쇠리가봄노래하고 나무에새닙필쌔 오래오래 기대리든 청레를 동지들의축복과 축사밋헤서 市外영도사절간에 열엇다。(씃)

新女性

第二夫人問題特輯號

1933

VOL.7 NO.2

『신여성』 7-2 통권 56호, 제2부인문제특집호

쪽수 112쪽 | 인쇄일 昭和八年一月三十日 (1933.1.30) | 발행일 昭和八年二月一日 (1933.2.1) | 편집·발행인 車相瓚 | 인쇄인 田畯成 | 인쇄소 朝鮮印刷株式會社 | 발행소 開闢社 | 정가 20전

* 李無影, 崔秉和, 朴祥燁, 安懷南.

新女性

三月號

1933

VO7 NO.

『신여성』 7-3 통권 57호

쪽수 112쪽 | **인쇄일** 昭和八年二月二十八日 (1933.2.28) | **발행일** 昭和八年三月一日 (1933.3.1) | **편집·발행인** 車相瓚 | **인쇄인** 田畯成 | **인쇄소** 朝鮮印刷株式會社 | **발행소** 開闢社 | **정가** 20전

잇섯다。

이러한階級間의對立을不鮮明하게하는同時에 佛蘭西支配階級의勢力을全歐羅巴에 擴大하려는「나폴레온」은 結局武力에依해서라도 目的을이루려고腐心하든지음이엇다。

이리하야結局 一八七〇年七月十五日 兩國은開戰의幕을 씩어내리엇다。

그러나 佛蘭西는 鐵血宰相이라는「비스맑」과名參謀「모르토케」를가진獨逸에게 連戰連敗의悲運에빠지지아니치못햇다。

戰鬪가 시작된지 二個月餘의九月三日에는「세당」에서有名한 一大會戰이演出되엇다。 그러나 佛蘭西는慘敗를當하고말엇다。

이리하야 이一戰에大勝한「프로시아」軍은 長驅「파리ー」로向하야進擊하엿다。

그後 十月二十七日의「멧츠」의大戰에도 佛軍은二十萬에갓가운軍隊를潰滅當하야 佛政府는벌서戰爭을게속할意志를버리고말엇다。

十月三十日 上記한「멧츠」의大敗와國防政府의軟弱함에憤激한「파리ー」市民은大群集을지어 事實上의中央政廳인「파리ー」市廳을大擧襲擊하엿다。 인제「파리ー」市民은國防政府의無力한것에 더信賴할수업슴으로自身들의武力으로써「파리ー」를 防衛치안으면안되엿다。

市廳을占領한市民은 곳政府委員을監禁하고 이群衆의指導者인「쁘루ー랑」과「브랑키ー」의두사람이政權을掌握하엿다。 그러나하로가채못가서 暗中飛躍하든保守派에依하야政權은빼앗기고 두사람은逮捕되여投獄되엿다。

이러한「파리ー」市內의騷亂에反하야「프로시아」軍의包圍는 더욱

新女性

職業婦人問題特輯

四月號

『신여성』 7-4 통권 58호, 직업부인문제특집호

쪽수 116쪽 | 인쇄일 昭和八年三月二十八日 (1933.3.28) | 발행일 昭和八年四月一日 (1933.4.1) | 편집 · 발행인 車相瓚 | 인쇄인 田畯成 | 인쇄소 朝鮮印刷株式會社 | 발행소 開闢社 | 정가 20전

* 4월호 잡지에 '8월호' 광고가 수록되었다는 점이 의아하다. 이는 잡지 제작 과정 또는 영인 과정에서 빚어진 실수로 짐작된다.

* 全良玉, 朴漢羅, 崔貞熙, 吳葉舟, 林孝貞, 郭賢模, 蔡萬植, 金奎澤.

新女性
유-모어讀物特輯號
5月號

『신여성』 7-5 통권 59호, 유-모어독물특집호

쪽수 132쪽 | 인쇄일 昭和八年四月二十八日 (1933.4.28) | 발행일 昭和八年五月一日 (1933.5.1) | 편집 · 발행인 車相瓚 | 인쇄인 田畯成 | 인쇄소 朝鮮印刷株式會社 | 발행소 開闢社 | 정가 20전

요-요-狂時代
天國
7
6
5
4
3
요-요-
엘레베이터-
(七階直通)

* 申弼浩, 許信, 尹泰權, 楊潤植, 金奎澤.

** 李順玉, 金淑貞, 朴花城, 李聖圭, 金瓊愛.

*** 【90】모던서울·處女十八歲,【文藝넌센스】엉터리 放送局,【91】마음의 나루·오는 쌔나 이르시오.

新女性

六月號

『신여성』 7-6 통권 60호, 육월증대호

쪽수 160쪽 | 인쇄일 昭和八年五月二十八日 (1933.5.28) | 발행일 昭和八年六月一日 (1933.6.1) | 편집·발행인 車相瓚 | 인쇄인 李學仲 | 인쇄소 朝鮮印刷株式會社 | 발행소 開闢社 | 정가 20전

* 月見草生, 紫陽花生, 金絲鳥生, 勿忘草生.

** 李小雀, 金母來, 安伊耶, 鄭中海, 朴心術, 金泰判.

新女性

第七卷 第七號

七月号

『신여성』 7-7 통권 61호, 칠월방학호

쪽수 160쪽 | **인쇄일** - (비고 : 판권지 낙장) | **발행일** - | **편집 · 발행인** - | **인쇄인** - | **인쇄소** - | **발행소** - | **정가** -

* 崔麟, 崔鉉培, 朱耀燮, 鄭寅燮, 李仁, 無名氏, 李容卨, 金東仁, 金東煥, 李克魯, 玄相允, 金昶濟, 朴熙道, 趙基栞.

哀悼 故宋桂月君

開闢社同人一同

故宋桂月君의略歷

本誌編輯員의한사람으로 오랫동안讀者여러분과 親密하게지내든 宋桂月君은 지난五月三十一日午後一時〇五分에 가엽게도 故鄕新昌自宅에서 永眠하엿습니다。行年은二十三이요 아지 未婚中이엿습니다。

君은 咸南北靑郡新昌港 宋治玉氏의長女로 明治四十四年十二月十日에出生하야 그곳普通學校를마치고 昭和二年四月에 京城女子商業學校에入學 同五年봄에同校를卒業하엿습니다。在學中에 光州學生事件이이러나자同事件에連座되며 暫時囹圄의몸이되엿스나 執行猶豫의몸이되야 釋放되엿습니다。日常社會科學書를愛讀하엿스며 丁子屋女店員時代에도 더욱이方面의讀書를 만히하엿스며 實際運動에도參加할意思를가지고잇섯습니다。

그런中에 本誌와偶然한機會로 親하게되여 이윽고 昭和六年가을에 開闢社에入社하게되고 곳 本誌編輯記者로 活動하게되엿습니다。너어 編務의餘暇마다 創作과 隨筆을發表하여 그文才로 朝鮮女流文壇에 相當히알녀지게되엿스며 그의特殊한個性과 異彩가진筆致는 將來를囑望하는 作家群의한사람이엿습니다。

그러나 不幸히 昨年二月에 肺가弱하야 故鄕新昌港에나려가 靜養을하엿든바 經過가良好하야 同拾月에 다시上京하여 다시社務에 종사하고지냇습니다。그러나 病後의事務가 너무過勞하엿섯든지 攝生을잘못하엿던지 病은再發되야 지난三月初에 京城에서의治療도如意치못하야 醫師의勸告를따라 다시下鄕하야 靜養하엿스나 不幸히 藥石의効를엇지못하고 아까운나이로 이세상에 不歸의길을떠나고말앗습니다。

그는 남에게지려는性格을가지안은 進取性만흔女性이엿스며 天眞하고信義깁흔眞實한意味의新女性의한사람이엿습니다。그리고 正義感과人情을 남보다더가진 앗가운人物이엿습니다。

그의 죽음을지금에잇은은 그略歷을抄하면서 삼가 그의靈魂을 親愛하며 哀悼의意를다슬러表하야마지안습니다。

* 영인본에서 159쪽부터 낙장되었다.

新女性

『신여성』 7-8 통권 62호, 팔월독물호

쪽수 160쪽 | **인쇄일** 昭和八年七月二十八日 (1933.7.28) | **발행일** 昭和八年八月一日 (1933.8.1) | **편집·발행인** 車相瓚 | **인쇄인** 李學仲 | **인쇄소** 朝鮮印刷株式會社 | **발행소** 開闢社 | **정가** 20전

海水浴場러부씬一景

그녀자…P氏 자ㅣ내가 이반지를 저바다속에 던질터이니 차저오실터이야요? 선생님은 참 헤염도 잘치시니…엇저면 그러케 잘액질을…

그남자 흥! 나는 산양개가아니라우!

그녀자…그럼 선생님이주신 이반지를 내여버려도 조와요?

그남자…마음이변하엿스면 그도조켓지…

拳鬪熱

권투가수입된지는 얼마안되지만 가정에 큰무긔가 되엿다。

안해—어지는 나를처바오—넉아웃—으로 쌩—질러오 사내기운이 그러서 사회의투사가 되겟서요—

남편—기운대로처면 그대가 평생—넉아웃—을 당할터이니 어더만맛고 살기때문에 이살이되엿네 자—쓰처바—

夏日漫畫風景……安 夕 影

즈로ㅣ쓰의罪

여름의惠澤으로 그들은 動物의本能을發揮하게 되엿다。 그래도 未洽한點이잇게된것은「즈로ㅣ쓰」의罪요 그들의 罪는 아닌것이다。

여보꽁지빠젓소

요사이부인네들의 머리는 단발을아니 한것가트되 간혹가다가「쪽」이빠저서상에구는것을보면 그러치안은것을 알겟다。「낫에는」점잔이「밤에는」말괄냥이——단발과 편발이 다ㅣ각기 소임이다르다。「여보 부인네ㅣ꽁지 빠젓소!」

夏日漫畫風景……安 夕 影

新女性

九月號

『신여성』 7-9 통권 63호, 신추·부부생활문제해부호

쪽수 160쪽 | 인쇄일 昭和八年八月三十日 (1933.8.30) | 발행일 昭和八年九月一日 (1933.9.1) | 편집·발행인 車相瓚 | 인쇄인 李學仲 | 인쇄소 朝鮮印刷株式會社 | 발행소 開闢社 | 정가 20전

新女性
新女性 第七卷 第十號・昭和八年十月一日發行（每月一回一日發行）
昭和六年一月廿三日第三種郵便物認可
十月號
A

『신여성』 7-10 통권 64호, 여학생문제특집호

쪽수 160쪽 | 인쇄일 昭和八年九月廿九日 (1933.9.29) | 발행일 昭和八年十月一日 (1933.10.1) | 편집·발행인 車相瓚 | 인쇄인 李學仲 | 인쇄소 朝鮮印刷株式會社 | 발행소 開闢社 | 정가 20전

질거운우리생활

登校 (培

新女性編輯部

7 언니비행기! 어듸어듸어듸어듸‥‥女學校의 들창은 이래서 가지가지 이야기를 엿듯고지낸다 (梨專)

5 햇볏까지 또이는요 기요재리‥‥ 그얼마나 만은언니들이 여기서 속대엿슬가요‥(梨花)

6 새댁 새칭칭다리 一學年生이니 아래를나려다보고십지 안이요‥‥‥(同德)

10 여긔이廊下 때로는談話室이요 또혹시는讀書室이요 그리고 선생님호령부르시는데요‥‥ 하하하하‥‥‥‥(女商)

질거운나의學校

—女學校日誌—

1 질거운나의 學校ㅣ 그때는 첫여름 쌕국 새소ㅇ리도 들녓 섯다ㅇ學校田 에발벗고드러 서모를쑛든생각: 그날는 하도자미 잇드니::(女高)

2 工課를마치고도라가 는 時間의 귀ㅅ속이야 기 서로서로 헤튼이 야기들이지만그래 도자미만오글오 글합니다(培花)

8 퐁! 퐁! 톡! 톡! 그 래서 핑퐁! 박셧테는날 조차흐려써 푸듯하엿다: 어서! 어서! 종치 기전에! 쌔컨드플 네이다~:(女商)

4 무얼걱정을하우 그래두 언니는잘 칠구누 그러지멀: 食堂의 점심밥은 정말맛이잇든가? 업든가?:(梨花)

3 잉여러차: 어서 고만웃고 날새게 들좀씨서요· 해다 젓는데(培花)

12 노는시간 노는 시간 참말학교 생활의 깃븐 시간:(培花)

11 自信은 잇더만그 테두하고 나스는女 學校合唱

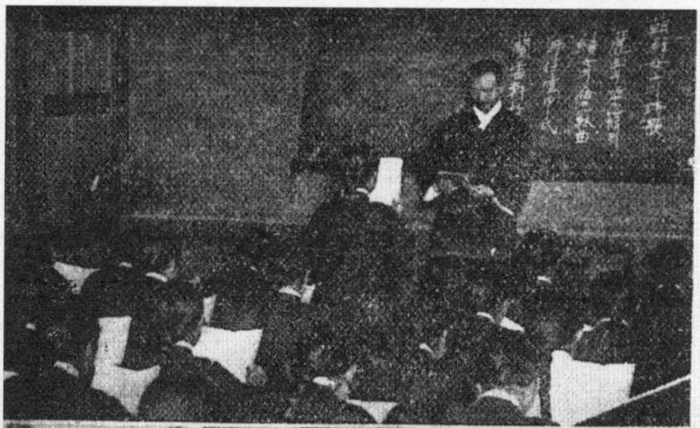

朝鮮語時間（同德）

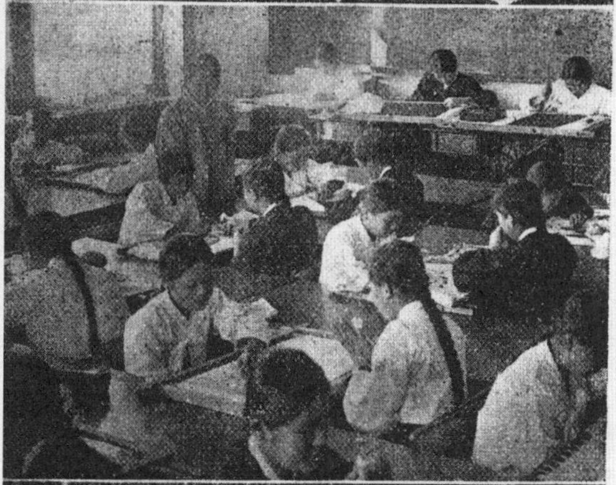

裁縫의時間（培花）

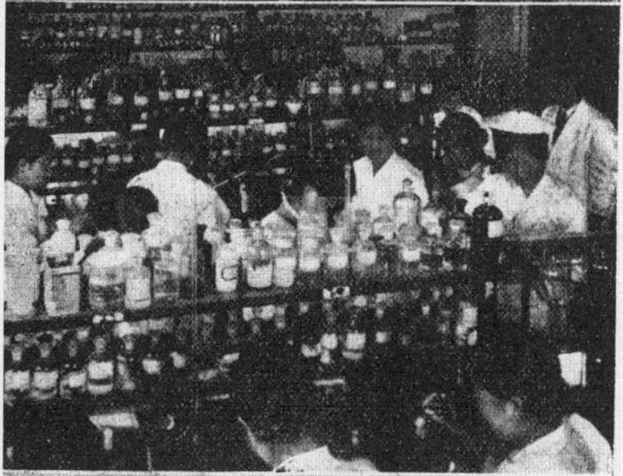

化學時間（梨專）

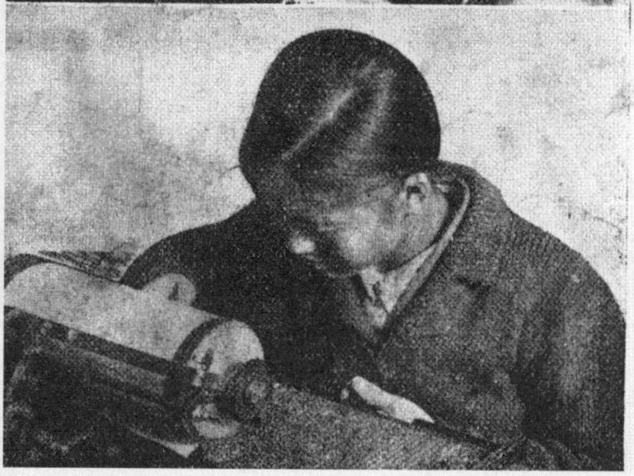

打字時間（女商）

우리들의 教室입니다

料理時間 (梨專)

物理時間 (女高)

數學時間 (培花)

刺繡時間 (進明)

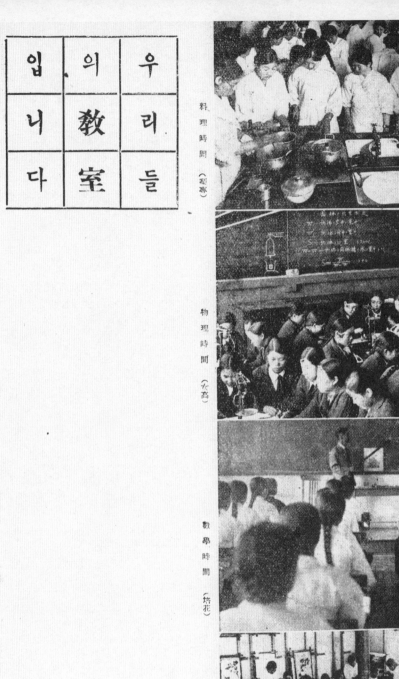

王寺에서進明旅行團이‥‥
‥또 고다음 맨꼬락지는
「이모호리」어느학교든가
요여러분‥‥‥하하하하‥
삼막이겟습니다‥‥

旅行 旅行 旅行 旅行

바른편에서부터 설명을하겠습니다。에ㅣ또 제일처음은慶州佛國寺多寶塔압헤서同德旅行團一同의記念撮影・그다음은天下絶勝金剛山을차자드러가는女商旅行團・그다음은역시金剛山에서培花旅行團！지금이들은玉女峯을행해가는가봅니다그리고그다음은萬瀑洞어구에서질거운점심밥을자시는京保아가씨一同・그아래는京女商아가씨들이奈良에서記念삼아찍은사진 그다음은金剛山에서女商生의記念사진・그리고또그다음은釋

歸校

(培花)

해저물녁—우리는
다가티 校門을나
옵니다。 그리고쌜
쌜이헤저가버립니
다。 그러나 고동
안에드 소곤소곤
댁갈댁갈 참새와
가티제비와가티:
우리는明朗합니다

彼女는
사랑한다!
美容과榮養과
스피ー드의
化粧三部曲

어떤얼굴에든지딱마즘으
로날새부터의본살결과가
치엡부게됩니다

クリームも白粉下も要らず僅か二三十秒間スピード化粧の——

タンゴドーラン七色

一般の御婦人には…肌色(ラッセル)
色白いお方には…白色(ホワイト)
色蒼いお方には…淡紅色(ピンク)
白くないお方には…早曉(薄卵色)
色蒼白いお方には…爽健(濃肌色)
色の赤いお方には…新鮮(白綠色)
尖端的な美容には…明朗(薄茶色)

正價(各色一個)・五〇
海外郵稅及送料加算

TANGO DORAN

固形タンゴドーラン
新發賣の七色姉妹品
各色一個・六〇
海外郵稅及送料加算

發賣元 株式會社 平野達之助商會 東京・大阪

新女性

新女性 第七卷 第十一號 昭和八年十一月一日發行

([illegible]一回一日發行) 昭和六年一月廿三日第三種郵便物認可

現代女性의苦悶特輯

『신여성』 7-11 통권 65호, 현대여성의 고민특집호

쪽수 160쪽 | **인쇄일** 昭和八年十月廿八日 (1933.10.28) | **발행일** 昭和八年十一月一日 (1933.11.1) | **편집·발행인** 車相瓚 | **인쇄인** 李學仲 | **인쇄소** 朝鮮印刷株式會社 | **발행소** 開闢社 | **정가** 20전

가벼운그날의생각

오케新歌手李蘭影孃

★오케―京城支店社屋偉容★

京城南大門通大路邊

當今!

오케―十二月新譜

鮮滿各地樂器店에

서大發賣中

◇明朗哀憐한流行歌◇

◇新舊樂交響의新民謠◇

◇奇絕慘絕한史劇◇

○抱腹絕倒할넌센스◇

◇流暢雄健한唱盤◇

珠玉盤百餘種

破廉定價一枚壹圓也

藝術家陣

成光顯氏、申不出氏、劉成俊氏、朴重根氏、林방울氏、金宗基氏、崔順慶氏

徐祥錫氏、金彰培氏、孫牧人氏、朴芙蓉孃、李蘭影孃、申銀鳳孃、申一仙孃

羅品心孃、白華星孃、朴綠珠孃、李素香孃、金錬守孃、徐暎珠孃、尹白丹孃

崔素玉孃、金錦玉孃、河弄珠孃

레코―드界의 斷然至寶

오케―레코―드

* 이효석의 「厥女의길」은 부득이한 사정으로 게재를 중단하게 되었다.

譜盤界의花形

女歌手行進曲

U・P・R

최근몃해동안에 조선사회에핑장하게 진출된것을든다면 그것은 단연레코ㅣ드다。 이케는 웬만한 소읍에싸지도 레코ㅣ드가 안가는곳이업고 조고마한시골어린아이들싸지도 레코ㅣ드에실려진 멜로듸ㅣ를 입에담지안는이가업다。 사실로 오날의조선은레코ㅣ드의전성시긔라도하겟고 황금시대라고도부를수잇스며 점차로 조선사람의생활선상에 중대한역활을가진 오락물로서의 존재를 엄연하게하고잇다。

지금 서울에는 여러개의레코ㅣ드회사가잇고 그회사는 서로경쟁을하야 작사자 작곡자 또가수들을 전속해가지고 새로운노래판을제작하야 시가로내보내고잇다。 그중에서 가장문제가만코 또 가장 인긔를차지하고잇는류행노래를불너늣는 녀가수들ㅡㅡ레코ㅣ드회사는 제각긔 천재라고 명가수라고 예술가라고 성악가라고 칭찬을하고선전하는 그네들을지금 우리신녀성지상에다 행진식혀보려고 이붓을들엇다。

×

세게레코ㅣ드게의왕좌를차지하고잇다할 大빅터ㅣ축음긔회사에 연결이되여잇는 빅터ㅣ레코ㅣ드 조선판전속녀가수들을먼저소개하자。 현재 그레코ㅣ드에는 李愛利秀 姜石燕 全玉의세사람이 전속되여잇스며 다른회사역시 그러치만 그들은전부 舞臺와映畵界에몸을던지고잇든이들이다。

李愛利秀

開城出生。 八九歲쌔부터 金小浪一行에서이며 兒役으로舞臺를밟엇다。

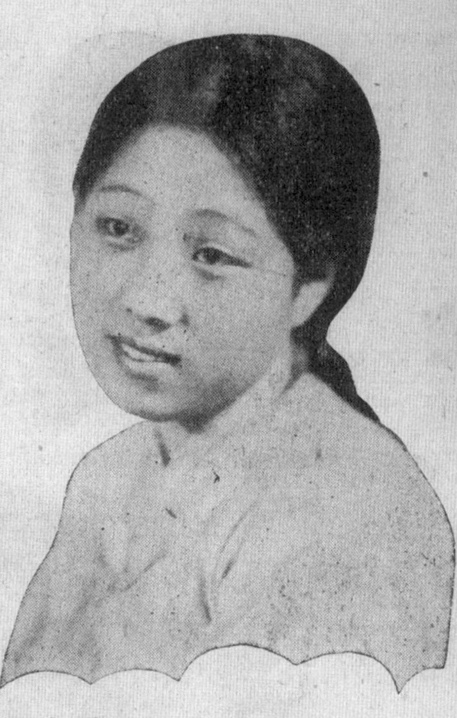

컬넘비아全屬歌手
金鮮英孃(上)
金仙草孃(下)

一流歌手로 그의豐裕한목은 最近더욱 鍊磨된感이잇다。

一時는 뜬風聞도업지아니하얏스나 지금은 慈母의膝下에서 藝에精進하고잇는빅타ー의보배다。

「배노래」「斷腸曲」「방아타령」(映畵主題歌――安基永曲)等은 그의부른노래中에도 가장一般으로膾炙된曲이다。「私も泣く」「戀の南大門」等一時센세이슌을니르킨 日本語吹込도잇서同孃의名聲은 全日本的으로도 評判이크다。

全 玉

故鄕은咸興이다。普校를맛친 이어린少女의憧憬하는곳은 華麗한映畵界이엿다 그래서 처음投足한곳이 羅雲奎뿌로덕슌이엿다。

프로덕슌에서나와서는 硏劇舍에參加하엿다。거기서 主로悲劇의女主人役「아리랑」의「鳳伊」와가튼可憐한處女의役으로 純眞한演技를뵈이여人氣가놉핫다。

빅타ー의流行歌手로는 아직時日이여트나 그의可憐한音聲을 完全히살니면 確實히압날이잇슬것이다。데트리히型의 美貌와아름다운목소리를가진全玉――朝鮮에 토ー키ー가생긴다면 제일 먼저뽑힐 花形歌手다。

그다음 컬넘비아레코ー드의 專屬女歌手――그들역시 舞臺에서人氣를엇고 레코ー드로나아간이들이다。

金仙草

元山出生。樓氏女高를中途退學。一九三〇年가을 洪海星君이指導하든新興劇團에 엑스추라로 데뷔ー한以來藝術座 新舞臺 春秋劇場으로轉轉하는동안 그의演技와 노래가 뛰여나 一九三一年 컬넘비아會社의초청으로「달빗여인불가」를취입하야 호평을어덧다。그후 컬넘비아會社의전속歌

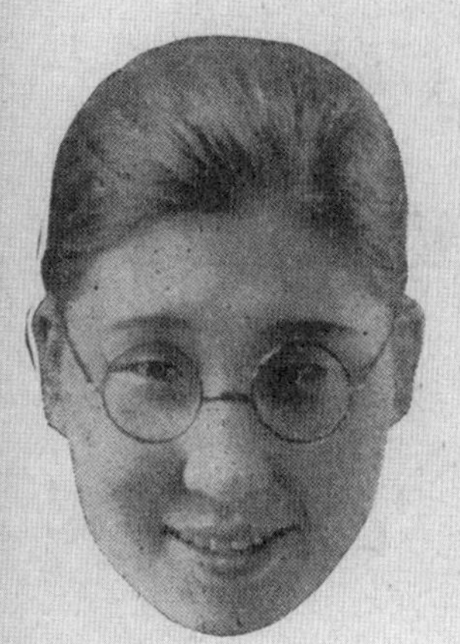

장성하기까지近十年의 繼續的舞臺生活。地方興行을나아가기數次。 가지가지의 劇團살님의 甘苦를맛보앗다。

一九三一年秋 그 타고난고흔音聲이 빅타ㅡ蓄音器會社의 注目한바가되여 「荒城의跡」「異國의하늘」「新아리랑」等數曲을 레코ㅡ드에吹込한것을 스타ㅡ트로 그艶麗한音色은 俄然人氣를쓰으러「슬어진 젊은꿈」「純情」等과日本語로吹込한「あだなさけ」「去りし人人」에니르러完全히流行歌의李愛利秀時代를現出하얏다。

한동안 新聞紙를떠들게한事件後 지금은 고요히 家庭에드러안저 잇스나 愛利秀간후 다시 愛利秀가업는今日 팬들은 그의再出來를 翹望함이 간절하다。

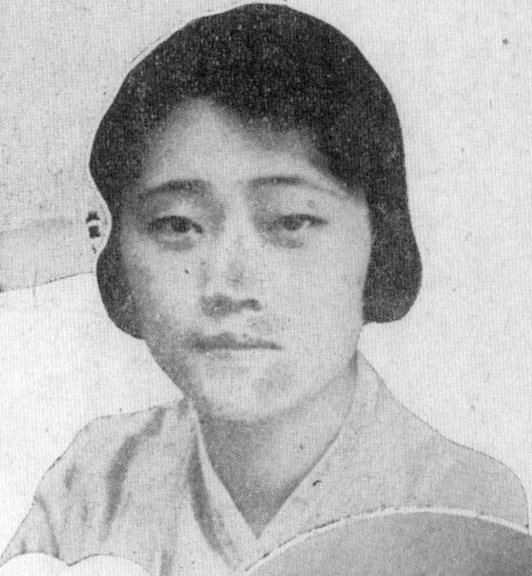

빅타全屬歌手
姜石鷰孃(上)
李愛利秀孃(中)
仝 玉孃(下)

姜石燕

京城人。어려서부터 裵龜子의 門下에드러가修業 舞臺에나서면 그 귀여운演技가喝采를밧앗다。流行歌로 데뷰하기는 컬럼비아레코ㅡ드에吹込한「放浪歌」로서다。그後 빅타ㅡ에轉하야 지금은 쟁쟁한

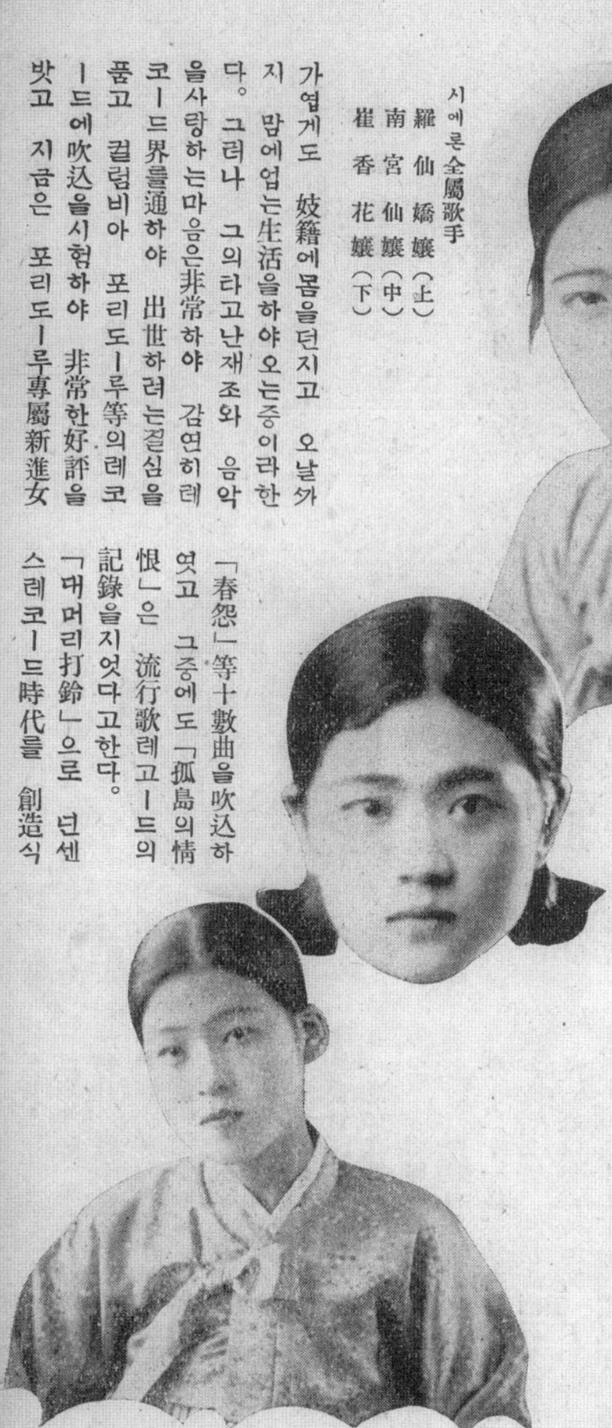

시에론全屬歌手
羅仙嬌孃(上)
南宮仙孃(中)
崔香花孃(下)

가엽게도 妓籍에몸을던지고 오날까지 맘에업는生活을하야오는중이라한다。 그러나 그의타고난재조와 음악을사랑하는마음은非常하야 감연히레코ー드界를通하야 出世하려는결심을품고 컬럼비아 포리도ー루等의레코ー드에吹込을시험하야 非常한好評을밧고 지금은 포리도ー루專屬新進女歌手로名聲이자자하다。 日本에서 女聲알토의自然音으로는 世界的이라는讃詞를밧엇다는그는「孤島의情恨」「젊은마음」「春怨」等十數曲을吹込하엿고 그중에도「孤島의情恨」은 流行歌레코ー드의 記錄을지엇다고한다。「대머리打鈴」으로 던센스레코ー드時代를 創造식힌 시에론레코ー드商會의專屬女歌手 羅仙嬌 崔香花」「南宮仙의 세사람이 잇다。

羅仙嬌

羅仙嬌! 그의일홈은 이제너무나 유명해젓다 단성사무대에서 공회당에서 시에론레코ー드로 지금은 대

手로 約六十種의노래를취입하얏스며 최근에는「넘실은물ㅅ결」을발매하고 잇다지난十月五日에 徐光霽君과結婚을하고 崇二洞에서 새살님을시작하고잇다。

金 鮮 英

平壤胎生。今年열아홉살의 꼿다운 색씨다。一九三〇年가을 仙草孃과함께 新興劇團을통하야劇界에떼뷔ㅡ한以來太陽劇場과春秋劇場의舞臺에서그의고은자태와明朗한목소리는 觀衆을취케하야왓다。 그가 레코ㅡ드界에떼뷔ㅡ하기는 一九三二年 沈影 朴齊行諸君과함께 月前레코ㅡ드取締에 發禁을當한 印度에밤의취입한것이다 그뒤 니어서컬럼비아의 專屬으로뽑힘을밧고 지금까지 二十여종의노래를吹込하엿스며「아름다운밤」「첫봄의 따님」「아리랑세상」등을 최근에 취입하엿다。

포리돌全屬歌手
王 壽 福 孃 (上)
李 景 雪 孃 (下)

그에게는 부모가구존하고 平北定州에서 商業을경영중이라한다。劇界에無限한동경을가지고잇든그는 女高를中途에退學하고 劇界에나아간것이며 現在獨身으로市內蓮建洞에서 고요히노래를練習하고지내는중이다。

최근에와서 이름이알려진 포리도ㅡ루蓄音機商會 포리도ㅡ루레코ㅡ드의專屬女歌手로는 硏劇舍의花形女俳優로 움직일수업는人氣를차지하고잇든 **李景雪孃**이잇다。

今年二十一歲。故鄕은咸北淸津。現在는身病으로 九州島栖古賀病院에서 入院治療中인바 그가 포리도ㅡ루에 吹込한레코ㅡ드로는「世紀末의노래」「서울은 조흔곳」等이다 明春부터 다시吹込을시작한다고ㅡㅡ그會社는말한다。

最近와서 同레코ㅡ드에서 맹렬한 宣傳을하고잇는 女歌手 **王壽福**은平壤胎生。芳紀十七의어린색씨로 일직이普通學校를卒業하고 집안이어려워

곱되는 눈물…말못할 하소가잇다。최향화는 이모-든 우울과 애상을 류행노래속에 흘너놋는다。

경성출생으로 조선권번에적을두고 집은관철동이 요그의별명이잇스니「一三五」라고한다。뎐차의차장의번호갓기도하지만은 그가 처음취입을하야 우연히 인긔를돕힌 류행가「浦口의달빗」이라는 류행가의시에론레코-드번호가「一三五」라서 세상에서는 최향화를「一三五」라고브른다고 혹거리에서맛나시거든 한번불너보십시요。

南宮仙

가는허리 빗나는동자 경쾌한보조 명랑한성격 그의일신은 모도가 쌰쓰의률동이요 왼통이 노래의원천가튼 늣김조차갓게한다。

그는황해도신천자근아씨 금년이십세! 리화전문성악과에다니다가 무대예술에 무한한동경을가져 홍해성군의 주재하든 극예술협회에뛰어드러 관중을마음것울리든 재조덩이다

그는거금 동경서 성악공부를하고 잇다。바람정답고 날빗따스한 숫피는 봄을기다리는남궁선의 가슴에는 오죽 지리한가을밤이 새아츰을마지하기에 너모나안락가울뿐。

그가 시에론레코-드 二三六번에「사공의안악」을 취입하며부터 그의인긔는단연히빗나기시작하야 목청의 칭아한뎜으로는 따를사람이업다는 자랑을가지고잇다。류행가를부르는 녀자가수로 음보를리해하고 피아노를손수울려가며 자긔가부를노래를 자긔가 자긔멋대로 련습을하는 사람은 아마남궁선이한사람뿐이겟다고 시에론관게자는큰소리를하는 압길에 광명이가득한 성악가다。

숫흐로 아주 최근에생겨난회사로 상당한 지반과인긔를 차지하고잇는 오-케-레코-드의 專屬女歌手를소개한다。

白華星

혹은 星子라고부른다。芳紀二十。故鄕은金海。金海公普를나온후 京城培花女高에단이다가 中途에그만두고 일본에건너가 寶塚音樂學校에드려가 그곳을마치고 寶塚少女歌劇團에몸을 담아가지고잇든색씨다。

그의노래는 애련하면서도 청아하야 듯는이를 노살케하는 獨自境을 가지고잇스며 취미와生活도 女歌手중에 숱·모던이라는것이다。社交땐스에능하며 뻬비·골푸도잘한다고。

그가 취입한 레코-드는「春詞」「港口의리별」「敗北者의서름」「回想」等이잇다고。

李蘭影

本名은李玉禮。芳紀十七。南國의水鄕木浦가고향이다。그는現在 오-케레코-드가 全力을다하야 宣傳하는보배뎅이女歌手로 그의고은목소리와순진한음색은 新進歌手에서 獨特한매력을가지고잇스며 누구보다 더장내를촉망하게하는 소질가진女歌手다。「鄕愁」「孤寂」「不死鳥」等의譜盤을 市場에내보내고 好評과人氣를차지하고잇는중이다。

——(끗)——

양극장의 빗나는가수로 남선지방을 돌고잇는중이다。

불근당긔 다홍치마처녀십팔세
구름속에 숨은달도손짓을한다
에헤라 봄바람아 옷깃을놔라
쪽두선이 무지개에 불길당길나

이것이 리선교가 시에론레코-드에 첫소리를너은「처녀십팔세」다 라선교의노래가 세상에 나타나자 순진한태도 개걸한성격은 노래속에까지 엿볼수잇서 난잡하고 기교로만일을삼는 류행가레코-드가온데서 가장 가정에서듯기에적당한소리라는 찬사가비발치듯하얏다는것이다

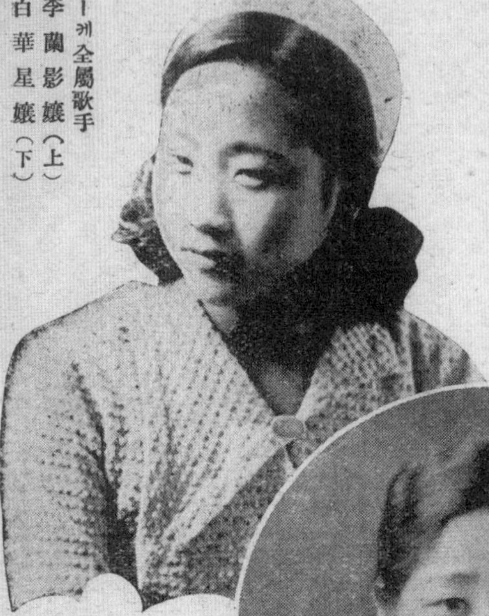

오-케金屬歌手
李蘭影孃(上)
白華星孃(下)

그는 금년십구세 동덕녀학교출신。련도교소년회에서 자라난자근아씨로 고향은평양。아버지를 따라경성에와서 팔판동에산다。그는 엄마가일즉이도라가 항상눈물젓는버개머리에 어버이를더듬어찻는 가련한처녀라고——그 會社宣傳部는말해준다。

崔香花

녀학교에서 기생권번으로뛰여나슨 애달븐이야기거리의 주인공。꼿피랴는십팔세의 아담한미인! 시에론레코-드회사에서는「洛陽의名花」라고 선전중이다 학교쩍부터 아름답든목소리는 거리에나스며부터 울고웃고 부닥기는동안에 어느덧 세태에물커즌 인생의맛이숨여드러늣기는듯 하소하는듯 듯는이의가슴을 흔드러놋는것이잇다。

시내 모야소교학교에서 찬양대의꼿다운가수노릇을하다가 기생이되얏는지라 그는 양산도 방아타령보다 류행노래를더멋잇게부른다。학생시대에 수집든 처녀의자태가아직도남아 여러손님모힌자리에서는 고개도잘들지 못하는가련한기생 가정의사정을모면할길업서 기생이된 그에게는 남의

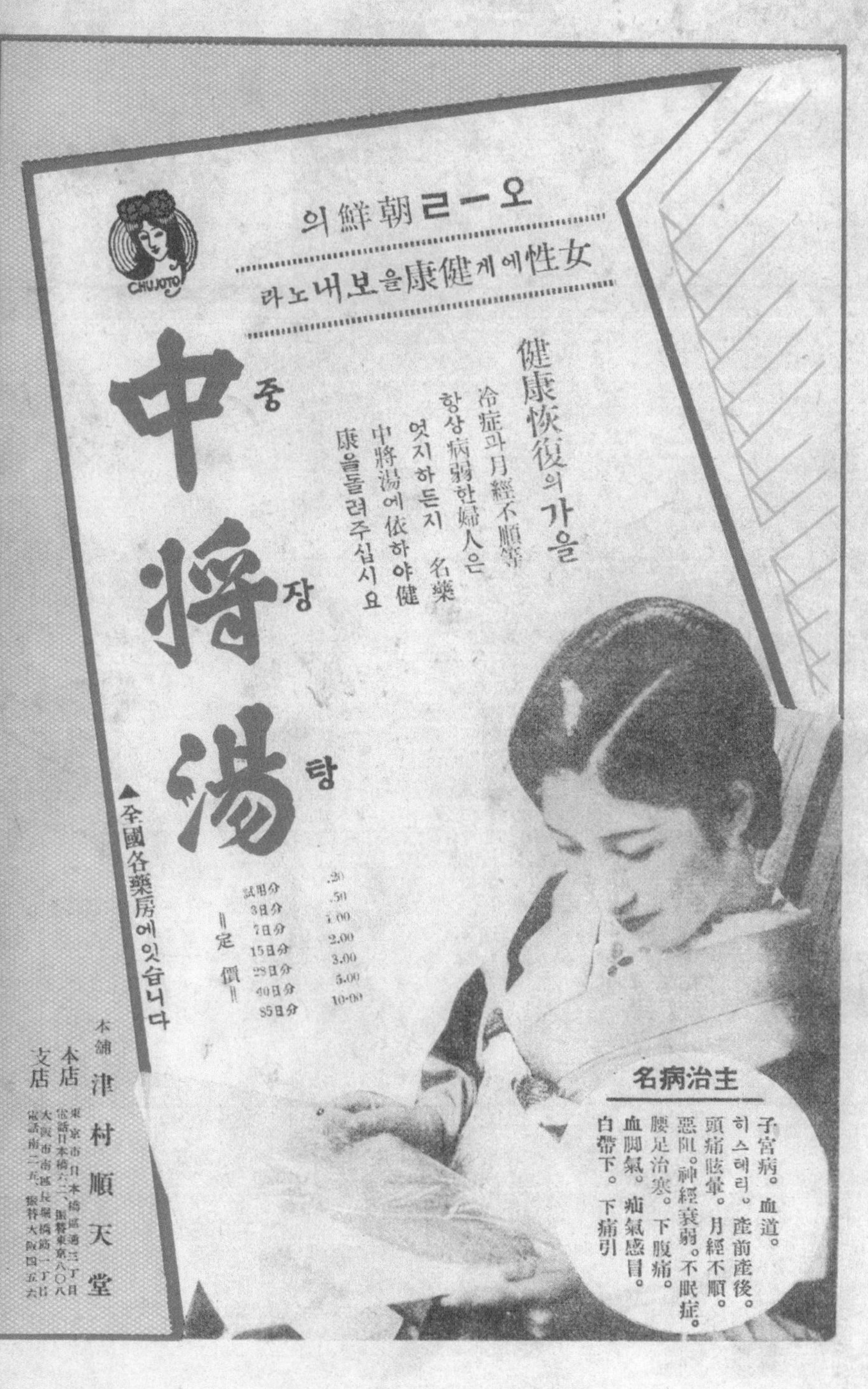
CHUJOTO
오ー르朝鮮의
女性에게健康을보내노라
中 중 將 장 湯 탕
健康恢復의 가을
冷症과月經不順等
항상病弱한婦人은 名藥
엇지하든지 中將湯에依하야健
康을돌려주십시요
▲全國各藥房에잇슴니다
定價
試用分 .20
3日分 .50
7日分 1.00
15日分 2.00
28日分 3.00
40日分 5.00
85日分 10.00
本舖 津村順天堂
本店 東京市日本橋區通三丁目 電話日本橋六二、振替東京八〇八
支店 大阪市南區長堀橋筋一丁目 電話南二五、振替大阪四五六
主治病名
子宮病。血道。
히스테리。産前産後。
頭痛眩暈。月經不順。
惡阻。神經衰弱。不眠症。
腰足治寒。下腹痛。
血脚氣。疝氣感冒。
白帶下。下痛引

新女性

送年号

19

『신여성』 7-12 통권 66호, 송년호

쪽수 152쪽 | **인쇄일** 昭和八年十一月廿八日 (1933.11.28) | **발행일** 昭和八年十二月一日 (1933.12.1) | **편집 · 발행인** 車相瓚 | **인쇄인** 李學仲 | **인쇄소** 朝鮮印刷株式會社 | **발행소** 開闢社 | **정가** 20전

---

* 『中國短篇小說集』, 『別乾坤朝鮮자랑』, 『童謠作曲集갈닙피리』, 『朝鮮之偉人』.

新女性

『신여성』 8-1 통권 67호

쪽수 152쪽 | **인쇄일** 昭和八年十二月廿九日 (1933.12.29) | **발행일** 昭和九年一月一日 (1934.1.1) | **편집·발행인** 車相瓚 | **인쇄인** 李學仲 | **인쇄소** 朝鮮印刷株式會社 | **발행소** 開闢社 | **정가** 20전

권두화

* 영인본에서 이 기사의 1쪽, 6~8쪽이 낙장되었다.

** 해당 기사는 영인본 9권 358쪽에 수록되었다. 이는 영인 과정에서 빚어진 실수로 짐작된다.

그러자 그의눈압헤 나타난것은 고주가되게 술이취한 百萬長者엿습니다。 그는 술이취하면 당장에 전후를이저버리고 룸펜인 자긔에게도「오―친구! 나의동무여!」하며 또차와서 손을붓잡고밤샛것 쌀고단이며 노는사나이엿습니다。 그래차푸링은 여러번 그의집에가서 밤새도록 질탕놀은일이잇섯습니다。 그런데 한가지 재미업는일은 술이깨기가우섭게 취중의 모든일을 전혀 이저바리는것입니다。 그래일썬 쌀고가서 밤새것 잘놀고도그이튼날아침 술이깨면 하인을식혀서 저놈이웬놈이냐고 등을밀어내쫏는것입니다。

돈! 돈! 돈을어둘궁리에 싼생각이 업는 차푸링은 그를만나자 돈에궁한이야기를하얏습니다。 百萬長者요 또 술이 취햇습니다。 그말을듯자 당장에 선뜻그를다리고 자긔집으로가서 一金一千弗也를 내주엇습니다 그러나 안될놈은 잡바저도 코가깨진답니다。 마침 그때 그집으로 강도가들어와서 야단법석! 大活劇이일어나고 百萬長者는 그자리에 쓸어저넘어갓습니다。 그主人이 정신을다시 차렷슬때 그이는 술도깨엿습니다。 아까의그정답든친구엿든것도 다이저버렷습니다。 그는 도적놈、동아리라고하면서 뻔뻔도돗지안코 죄업는그를 붓잡는것입니다。 그러는통에서도 그돈一千弗만은 감똑갓치 자긔의사랑하는색시에게보내엿습니다。

번명이 그에게는 소용업습니다。 가엽게 鐵窓에쌀려가서 엿해를보냇습니다。 그리고 다시세상으로나왓슬때 거리는그전다다를것이업섯스나 찬바람은 전보다더하야 조고만차푸링을휩싸고구다첫습니다。 거리를 지나갈때 어린애들은 거지라고 그에게다 돌멩이를 던집니다。 아산뻐ㅣ를하고 혀바닥을내밀며 놀려줍니다。 이것이업는죄을걸머지고 감옥사리를하다가 세상에나온때에 그에게 던저주는첫인사엿습니다。 그는 물끄럼이 도라서서 아모반항 아모소리도업시 그아이들을 바라다보기만 하엿습니다。 인제는 그에게 아모러한기운도 아모러한본새도 남아잇는것이 업섯든것입니다。

「쓸쓸하게 가엽게시리 그는 또다시거리로 헤매단엿습니다。 그의머리에 단하나。 남아잇는 그색시의 그림자를 더듬어차지면서―그러다… 얼뜻어―는꽃가게 압홀지날때…가게안에서 밧부게 일을하는 그전날의그장님색시를 차자냇습니다。 인제는 눈아지뜨고 일을하는것입니다。 ―그一千弗이 그색시의눈까지를 뜨게한것입니다만은 그런줄모르는 그색시는아까부터가지를안고 우두커니가게압헤서잇는그를보고 비렁뱅이로만역입니다。 그리고마음씨고운 그색시는 돈잇닙을집어들고 가게에서나왓습니다。 그에손에쥐여줄랴고。 손과손이 마주다잇습니다。 그러자 그순간 그색시는 그전날의 그긔억이―그은인의긔억이 소사나왓습니다。 그래차푸링을치어다보며 「YOU? (당신이엿습니까?)」하고 물엇습니다。 이말을듯자 그는 자긔의추레스러운복색을 다시한번굽어보고 인사도업시 그냥도라서서 저녁등불켜지는거리속으로 쓸쓸하게 사라저가는것이엿습니다。 ―(끗)―

Charlie Chaplin 'CITY LIGHTS'

거리의등불

찰스·차프링主演

유나이트映畵

온다！왓다！하고 말로만떠들든『차푸링의거리에등불』이 이번정월에는 정말 동경에수입되며 봉절된다고합니다。『써커스』에서 그의얼골을본지도벌서七年ー그때부터 이야기에오르나리든『거리의등불』이 겨ー우이제서야 동경에도착 이서울까지 오자면은 아지도 멧달동안을 더기다려야할 영화올시다。여러분께서도 아실러이지만 토ー키를 시려하는 차푸링은 이사진을 音響版으로만 만들엇답니다。그럼으로 會話는업고 다만 伴奏와擬似音만 錄音된사진입니다。一九三〇年製作)

梗槪ー우리들에 눈압혜 오래간만에 나타날 차푸링은 역시 그옛날 그때그차푸링그대로입니다。그종산모자에 그수염 그집행이 그구두를 그대로신고 쓸쓸한 放浪者 그대로 다시 登場합니다。

畵面은 먼저 어떤 시골동리 너른마당에서열린 大理石像의除幕式。모혀운여러사람압혜서 村長이 연설을하고 그리고 그大理石像의未亡人되는이가 除幕의 끈을 잡아다길때 아하하 石像의무릅헤 룸펜 차푸링이 쿨ー쿨 태평스럽게 잠을자고 누엇습니다。式場은 고만 야단법석이되고 차푸링은 놀라깨서는 혼비백산을하야 도망을가려는데 통넓은바지가 걸려서 허공에동동떠 손발만 내젓고 쌜쌜대는것이——그 發端입니다。

그래서 잘곳조차 이저바린이룸펜은 거리로떠돌고 떠돌면서 생각곤든 눈물석긴喜劇을 우리들에게 보이저주다가 길모퉁이에서서 꽃을파는 장님색시를보고 그는 가슴을 두근거리게하는것입니다。

그런데 그색시는 자기한테 큰돈을적선해준신사가 차푸링그인줄로알고 그에 손을붓잡고 감사하는인사를 되푸리하야 말하는것입니다。

일이 어만흠되고보니 그도 또한 사나이엿습니다。자긔에첫사랑에 가슴을두근거리며 그색시를행복스럽게하기위하야서는 지금까지의생활을버리고 일을하야 돈을벌어야겟다고 가만이 절심하엿습니다。그래서 그는 거리의소제인부가되엿습니다。그리고 돈을밧자 그색시의집으로 정정당당히신사답게방문을가서귀엽고 귀여운 장님색시가 얌전스레 이야기를하고 정답게 웃는것을 바라다보고는 사모하는 마음을위로하얏습니다。

그러나 사랑이란 그러케 순순스러온것은 역시 아닙니다。그는 고만실지이되고 그리고 그색사는 병이들어위중합니다。

사랑하고사랑하는 애인의병을 고처주기위하야는 큰돈이잇서야하겟습니다。八方으로 생각하엿스나 그에게는 도리가 업습니다。그러다 懸賞拳鬪의廣告을보고 自信은 업섯스나 賞金탈결심으로 뛰여돌어갓습니다。만은 거긔도세상입니다。요행이 떨어저잇슬리가 업습니다。

그는 기운것 링그에올라서서 뛰고치고 싸웟습니다만은 결국은 가엽게 어더맛고 어더맛고 쓸어젓섯습니다。모ー든것 絶望이엿습니다。그는 박그로나왓습니다。캄캄한밤입니다。그는 터벅터벅 정처업시 거리를거러갓습니다。

『신여성』 8-2 통권 68호, 2·3월 합병특별호

쪽수 152쪽 | **인쇄일** 昭和九年二月廿五日 (1934.2.25) | **발행일** 昭和三月一日 (1934.3.1) | **편집·발행인** 車相瓚 | **인쇄인** 李學仲 | **인쇄소** 朝鮮印刷株式會社 | **발행소** 開闢社 | **정가** 20전

* 표지와 목차가 낙장되었다.

擔當記者 特告 152

판권지

新女性

陽春號

『신여성』 8-3 통권 69호, 양춘호

쪽수 152쪽 | 인쇄일 昭和九年四月二日 (1934.4.2) | 발행일 昭和九年四月仕日 (1934.4.4) | 편집·발행인 車相瓚 | 인쇄인 李學仲 | 인쇄소 朝鮮印刷株式會社 | 발행소 開闢社 | 정가 20전

* 영인본 목차에는 편집자 주로 '鄭日敬, 申銀鳳, 崔承伊, 王壽福'의 화보만 실렸다고 적혀 있으나 이는 잘못된 정보이다. 영인본 694~697쪽에 '申一仙, 鄭載德, 羅品心, 李蘭影, 姜德月, 趙錦子, 南宮仙, 朴英熙'의 화보가 수록되었다.

* 목차에는 16쪽부터 주요섭의 기사가 수록되었다고 소개되었으나 영인본에서 잡지 16~20쪽의 지면을 채운 기사는 「梨園迎春譜」의 일부이다.

新女性

新女性 第八卷 第四號 昭和九年五月一日發行（每月一回一日發行） 昭和六年一月廿三日第三種郵便物認可

五月號

『신여성』 8-4 통권 70호

쪽수 144쪽 | 인쇄일 昭和九年四月二日 (1934.4.2) | 발행일 昭和九年五月四日 (1934.5.4) | **편집·발행인** 車相瓚 | **인쇄인** 李學仲 | **인쇄소** 朝鮮印刷株式會社 | **발행소** 開闢社 | **정가** 20전

化粧하는가운데제
일簡單하게 얼굴
의缺點을덥는것은
머리로서 그것은
女子가가진魅力이
고 또 거긔依하
야 美를聯想식히
는것입니다

금학향유

金鶴香油

株式會社野村商店

劇藝術硏究會

第六回公演

人形의집

劇硏第六回公演은 四月十八、十九兩日 京城公會堂에서 成功裏에 맛낫습니다。寫眞우는 公演을마치고劇硏全員의記念撮影이요 아래사진은上演한人形의집의 第一幕舞臺面입니다。右로부터 金映玉氏의린덴 金昌基氏의랭크 金福鎭氏의노라 李雄氏의헬머올시다。演出은洪海星氏 裝置는兪亨穆氏로 오래간만에 조흔演劇을보게된것은 퍽 깃분일이엿습니다。

東洋一의舞姬——

崔承喜寫眞自叙傳

——빗나는그의日記

略　　歷

★*1926*年봄　淑明女高를마치고　令兄崔承一氏와渡東。石井漠門下에入門。

★*1927*年　東京邦樂座에서處女出演。囑望를밧다。

★*1927*年가을　石井漠氏와함께　朝鮮訪問。

★*1930*年여름　石井漠門下에서脫退。京城에도라와獨立研究所開設。

★*1930*年*11*月　第一回公演을京城公會堂에서開催。

★*1932*年여름　安漠氏와結婚　그동안　六回의公演과數回의全鮮巡廻。

★*1933*年봄　研究所解散。石井漠과　다시妥協되여再次渡東。石井漠門下에入所。

★東京에서의數次出演으로드듸어　日本一의女流舞踊家라고　칭찬을바드면서더욱精進中。

★

경성에도라온때

一九三〇年十一月──그의獨立第一回公演이열엿다。그날그가춤춘創作舞踊印度人의悲哀는好評과아울러큰센세이슌을이르켯섯다。

印度人의悲哀(一九三〇年京城에서)

一九三一年의作品「希望을안고서」

사진은一九三三年十一月東京서 左崔承喜・右石井美笑子)

세레나데(一九二六年處女出演)

1926—1930

열일곱살때

「유ー모레스크」(一九二七年)
(右) 崔承喜
(左) 石井樂子

埃及舞踊 (一九三〇年京城에서研究生들의發表)

그들의行進 (一九三一年作品으로問題잇든舞踊)

1931——1933

一九三〇年——一九三二年까지의 氏의 個人舞踊所時代에 잇서서 獨特한 여러개의 創作이 잇섯다。 아래사진은 그중한가지「에헤라노아라」의 포즈이다。 조선춤을 서양무용에 조화식힌 재미로운 춤이다。

오리엔달（一九三一年京城에서）

「에헤라 노아라」（一九三一年作品）

사진은 一九三三年十一月 東京日比谷公會堂에서 再發表한때의 촬영한것。

憂鬱한 街道 (一九三三年石井漢作品・中央立像이崔承喜)

쌀라 (땐스・포엠……未發表)

땐스・포엠「쌀라」는이번 五月十二日日比谷公會堂에 서發表할新作舞踊입니다。

1933—1934

최근의본얼골

포ㅣ즈(一九三三年東京서)

우의사진은氏의恩師石井漢氏의近影。

崔承喜氏는五月에發表會를마치고 全國巡廻를한다음九月에東京에서個人發表會를한다합니다。朝鮮訪問은아지작정업스나오는봄에는꼭오겟다고합니다。

荒野에서서 (一九三一年作・오는五月十二日에再發表豫定)

歌手!! 會

十年만에 시부른다

하고커 悲壯한決心을품고 四月末日頃 歸國하야 新緣의 五月에 處女獨唱會를 열리라한다。

이소식을들은 氏의親知와 및樂壇文壇 其他各界人士諸氏는 方今『尹克榮後援會』를 組織하야가지고 童謠作曲의始祖요 또한 우리아기네의永遠한恩人인氏를 記念하는同時에우리樂壇에 非常한衝動을줄 氏의獨唱會의 成功을期하야 各方面으로 그聲援을求하여 여러가지로 活動中이라한다。

(獨唱會를압두고잠시쉬이는尹克榮氏)

特히 氏가 이번獨唱會에부를 노래는 이태리·아라사·스페인·아메리카等 各國民謠로서 童謠도 數種잇잇스며 歌劇『아이다』中「聖스러운아이다」(벨디曲) 歌劇『사랑을쇼여내는藥』中「남모르게흘리는눈물」(토니젯티曲) 歌劇『가봐레리아트스치카나』中「아베마리아」(마스카니曲) 等 大曲도잇다。

伴奏에는 숨은 이 天才레너ㅡ를위하야 斯界의權威 스투데니氏가快히 應諾하얏고 京城서의 演奏는五月二十二三日頃 公會堂이라한다。 이中央演奏가씃나면 곳地方巡廻의길을떠나리라하며 特히 우리 新女性愛讀者諸氏의 만흔 聲援이 잇기바란다。

숨엇든 朝鮮의 情熱의

테너— 尹克榮獨唱

그전날 「푸른하눌」의 作者가
조선에 돌아와앗든겻노래를다

『푸른하늘 은하수……』의 『반달』 노래는 아직도 우리머리에 남어잇거니와 이노래의 作詞者요 作曲者인 尹克榮氏는 聲樂에도 卓越한天才가잇서 이를아는이는 오히려 氏의 聲樂에 더큰 囑望을 가지고잇섯는데 多幸히 이企待를 저바리지안어 氏는 十五年동안의 沈默을깨트리고 斷然歸國하야 絕對의 自信을가지고 첫舞臺를 밟으리라한다。

이제 聲樂家로서의 氏를 맛기전에 朝鮮童謠界에 끼친 氏의 功蹟을 잠깐 돌아보건대 氏는 十八歲때에 聲樂에 뜻을두고 渡東하야이方面에 精進하면서 그當時 東京留學生이든 故方定煥、曺在浩、高漢承馬海松氏等과함께 兒童問題硏究團體인『색동會』를 組織하얏고 東京大地震통에 돌아와서는 朴八陽、金基鎭、安碩柱、金秉兆、林炳喬氏等의後援을 어더 朝鮮最初의 童謠團體인『따리아會』를 組織하야 손소 어린이들을 指導하며 每月『따리아曲譜』를 發行하는等 新童謠普及에全力을다하얏고 一九二五年에는 朝鮮서 첫試驗인 朴八陽氏作『파랑새를차저서』라는 五幕物童謠劇을 作曲上演하야 大喝采를 바닷스며 따리아會少女會員들이 氏의作曲을 吹込하야 朝鮮童謠레코ー드의 嚆矢를지엇고 『반달』『고드름』『두루미』『귀뜨라미』『꾀꼬리』等 會心의作、十餘曲을모아 『반달』이라는 이또한 朝鮮最初인 童謠作曲集을내인후 東興中學의 音樂擔任으로 초빙되여 間島로간뒤 以來十年동안을 그곳 寸新中學、光明高女等 間島의 단벌音樂先生으로 活躍하면서 따로히 白紅樂團이라는 音樂團體를 組織하야가지고 孤軍奮鬪하엿스며 波瀾重疊한 生活가운데서도 『새떼』『제비남매』『옥토끼』『기러기』等의 名曲을繼續해내엿고 한편으로 聲樂에숨입업는 努力을하다가 十五年동안숨어닥근 自己의藝術을 社會에 이바지

하는수 업시 먹기 시작햇다。 쓰고 떫고 거츨은그 죽이엿스나 그죽가운대 말할수업는 맛이잇섯다。

「엄마 금년은 풍년이지?」

「금년은 설마 풍년이겟지하고 기달려보기도 몃번 이엿드냐。그래도 이놈의 가난은 언제라도 그모양이 아니냐? 풍년이나 흉년이나 되는대로 되여라」

「그래도 풍년이면 밥한술 빌기에도 힘이 덜들지 안어?」

「그럿키도 하지 흉년에는 웬참 걸어지도 만키도 하드라……」

하얀 쌀밥에다 맛잇게 뭇치인 파ㅡ란나물과 고기 반찬을 해가지고 앗가의 그마님은 얼마나 맛잇는 저녁을 먹엇슬가……

하는 생각이 문득 난 똥덕 어머니는 그 아들의 훌적어리며 죽을먹는 모양을 어둠속에서 바라보앗다。

그때 똥덕이는 마즈막으로 후루룩 하고 죽국물을 맛잇게 마시고 그릇을 놋는것이엿다。

ㅡ끗ㅡ

新女性

新女性　第八卷　第五號　昭和九年六月一日發行（毎月一回一日發行）昭和六年一月廿三日第三種郵便物認可

『신여성』 8-5 통권 71호, 방학선물호

쪽수 144쪽 | **인쇄일** 昭和九年五月廿八日 (1934.5.28) | **발행일** 昭和九年六月一日 (1934.6.1) | **편집·발행인** 車相瓚 | **인쇄인** 李學仲 | **인쇄소** 朝鮮印刷株式會社 | **발행소** 開闢社 | **정가** 20전

아가寫眞帖

京城 朴恩淑孃 (四歲)

재가누구야

해볏헤안저서

* 金允經, 金祉濟, 趙東植, 金尙鎔, 玄相允, 金麗植, 薛義植, 孫晋泰, 曺在浩, 金泰洽.

라。

그러나 旭 너도亦是 그부러올나오는불가튼熱情을 能히斷片斷片으로 토막처노흘수잇는冷膽한一面을가진 怜悧한書生이엿다。

官能僞造

生活에 免許가업는旭의눈에 賣春婦와聖母의區別은어려웟다。나는 그때 創作도아니오 隨筆도아닌 「목노의마리아」라는글을 퍽길게 써보든中이오 또그中에叙景的인것의몃장을 旭에게보낸일도잇섯다。巷間에서는目睹하는「言爭하는마리아群像」보다도 훨신淸楚하야 가장大理石에갓가운마리아를 麻浦江邊목노술집에서 차잣다 는이야기다。이「목노의마리아」數章이 旭에게 그風前燈火가튼 秘密을이야기하야도조흔理由와勇氣와安心을주엇든지 그는 밤이이슥하도록 나를함부로길거리로끌고다니면서 그 길고도事情만흔이야기를나에게 들녀주엇다。그것은 너무도엄쩍하야서 나에게 發狂의조희한장距離에接近할수잇게한 그런이야기인데 要컨댄 旭의童貞이天生賣春婦에게獻上되고말앗다는 해피ㅣ엔드。집에돌아와서 郵票딱지만한寫眞한장과 삼팔수건에적힌血書하나와 싹독잘나버인머리카락한다발을 愼重한態度로 나에게보혀주엇다。

寫眞은 너무작고희미하고하야서 그人相을再現식히기도어려운것이엿고 머리는 恰似 演劇할때쓰는 촤푸린의鬚髥보다는 조곰클가말가한것이엿고 그러나血書만은썩美術的으로된것인데 旭의藝術的天分이充分히낫하낫다고볼만한 可謂傑作의部類에들어갈수잇섯다。勿論그것은 그賣春婦氏의作品은아니고 旭自身의自作自藏인것이엿다。삼팔헨커취프한복판에다가鮮明한隸書로

罪

이럿케한字를썻슬따름 勿論 落款도업섯다。

이것이 내가이世上에誕生하야서 참처음으로 目睹한血書엿고그런後로나의旭에게對한 純情的友愛도 어느듯 가장文學的인態度로조곰식變하여갓다。다섯해歲月이지나간오늘엇그젓게 하마하드면나를背叛하려들든너를 나는오히려다시 그러든날의純情에갓가운友情으로사랑하고잇다。그만큼너의現在의環境은너로하야금 너의潔白함과 너의無辜함을 如實히나에게 이야기하야주고잇는까닭이다。

하이드氏

내가부를일홈은勿論小霞는아니올시다。그러나小霞라고불은들엇더켓습니까。小霞! 運命에對하야「마소히스트」들에게 性慾이란무엇이겟습니까。性慾! 性慾은그럼弄談임니까。性慾에는정말「스토ㅣ리ㅣ」가업습니까。太古에는정말人類가長壽하얏겟습니까。

小霞! 나에게는 내가藝術의길

血書三態

李箱

오스카·와일드

내가불너주고십흔일홈은「旭」은 아니다。 그러나그일홈을旭이라고불너두자。 一千九百三十年 만 하야 도 旭이제女形斷髮과가티 限업시純眞하얏고 또旭이藝術의길에精進하는 態度 熱情도亦是純眞하얏다。 그해에나는하마하드면죽을번한重病에누엇슬때 旭은나에게 주는形言하기어려운愛情으로하야 쓸쓸한東京生活에서 몃個月이못되여 하로에도 두장석장의葉書를 마치結婚式場에서花童이 꼿닙팔을걸어가면서헷뜨리는 可憐함으로 나에게날녀주며 連絡船甲板上에서 興奮하엿섯느니라。

그러나旭은 나의病室에낫하나기前에 그故鄕群山에서 足部에쇠危險한切開手術을밧고 그또한孤寂한病室에서 그沒落하여가는 家庭을 생각하며 그의病勢를근심하며 쉬히지안코 그花辨가튼葉書를나에게 주엇다。

네가 足部의完治를 엇기도前에 너는너의풀죽은아버지를爲하야 마음에업는심바람을하얏스며 最後의秋收를守衛하면서苦로운격난도만히하얏고 그것들記憶이 오늘네가그때나에게준葉書를끄집어내여볼것까지도업시 나에게는새롭다。 그러나 그秋雨霏霏거리는몃날의生活이 나에게서부터 그푸라토닉한愛情을 어느달은한군데에다옴기게된 첫原因이엿는가한다。

旭은 그後머지아니하야 손바닥을 툭툭털듯이 거벼운몸으로 畫具의殘骸를질머지고 다시나의 가난한살님속으로 또나의愛情속으로기여들어오는것가티하면서 석겨들어왓다。 우리는 그狹窄한單間房안에百號나훨신넘는 캄바스를버틔여놋코 마음가는데까지 自由로히奔放스러히 創作生活을하엿스며 渾然한靈의抱擁가운데에 오히려서로를닛는 沒我의境地에놀수잇섯느니

런것들의피도사람피와빗갈이가트냐는둥 그쌔에내마음은何如튼 小霞의마음은 엇더하섯슴니까。자이것좀보세요하고 及其也집어내여온것이봉투속에든한장白紙 우리들이鑑定하기도前에 亦是 그네들은議論이紛紛하지안습데까。그血書는果然떡文學的인것으로 闡潔明確 實로點하나씩을餘裕가업는完全한傑作이라고나는보앗습니다。曰——

사랑하는장귀남씨
나의타는열정을
당신에게바치노라
게유세정월모일

×××

나는그쌔 우리들의弄談이얼마나逢辱을當하고잇는가를늣겻습니다。小霞! 小霞는그쌔떡紳士的인謙遜을보히십데다만은 小霞의입맛이쓴것쯤은 나도알수잇습데다。何如間이「아리스」나라가튼不可思議한나라에提出된外交文書에 우리들이가지고잇는法律을適用하려고하는것은徒勞요無効일줄압니다。

그네들은입을모아 그잇흔날그發信人이살고잇고 또經營하고잇는店舖에旺臨하시겟다는 決議를하고잇는것을보앗는데 좀나도딸아가서그天才의얼골을좀실토록보고오고십헛습니다。그런데그天才는—그中의한분이그것이確實히 사람의피라는鑑定을바든다음별안간막 술을퍼붓듯이마시는것을나는밀날가말가하고잇다가 흐지부지그만두엇습니다만은—나희四十가량이나되는어른이시라고그리지안읍데까。

우리들의藝術的實力은一表現程度는—수박것할기程度밧게아니되나보더이다。나는거리로쫏겨나와서 엉엉울고십흔것을 참억지로참앗습니다。

血書 其 三

이것이 내가平生에 세번째求景한血書인데나는이런 또 익살마즌腰折할血書는일즉이이야기도못들어보앗다。W카페주인이 글세이것좀보세요하고보혀주면서하는말이 그漢江에가빠저自殺한女給은自己안해—妾—인데 마음이 羊처럼順하고부쳐님처럼착하고 또불상하고 또自己를다시업시사랑하얏고한데 자을것는데 所謂後見人이너무업섯습니다。그래서 내가일즉이「셰사니습」을알앗슬적에 벌서性慾을併發的으로알앗습니다。이神聖한破片이오 對他에 失禮的인自尊心을抑制할만한아모런 後見人의監視가全然업섯습니다。

賣春婦에게對한私私로운思想 그것은 生活에서엇는老練에鞭韃되여가며 몹시潛行的으로進化하야가는것이엿습니다。 그리기에 映畫로된「스틔븐슨」의「지길」博士와「하이드」氏一篇이 그가장手段的인데그칠 藝術的香氣水準이 떡나즌것이라고해서 참아「올타可하다」소리를입밧게못내여놋는것이아니겟습니까。事實에小霞의境遇를말치안코나에게는 가장적은「지길」博士와훨신만흔「하이드」氏를所有하고잇다고 告白하고십습니다。나는勿論小霞의境遇에서도 相當한「지길」博士와 相當한「하이드」를보기는봄니다만은 그러나小霞가 떡普遍的인熱情을 얻는斷片으로四捨五入式終結을지여버릴수잇는能한手腕이잇는데反對로 나에게는 倫敦市街에숫업시繼續되는 안개와가티 거기조차「컴마」나「페리오드」를찍을才操가업습니다。

日常生活의重壓이이나에게 敎養의淘汰를不得已하게하고잇스니 또한不得已 나의貧弱한二重性格을「지길」博士와「하이드」氏에서「하이드」氏와「하이드」氏로 이럿케進化식히고잇습니다。

惡靈의感傷

發狂에서조희한장距離에接近할수잇는機會를 어린애가튼意志밧게所有하지못한 나는떡실혀합니다。그러나 거기酷似한 弄談을즐겨합니다。이것은 小霞! 自瀆인가요。意味의延長이조곰도업는 單純하고도正直한 弄談 性慾! 外國人의親切을 生理的으로 조곰더즐거워하는나는 賣春婦에게서 國際的인親切과好意를늣김니다。小霞! 小霞도 그런簡單한弄談과外交는즐기십데다그려。

敎養은우리들에게餘分의常識을賦與하얏습니다。그래서그三人의賣春婦의손에무든 붉은잉크에對하야서너무無關心하얏습니다。나종에 붉은잉크가血液의色相과恰似한가아닌가를 試驗한것인줄알앗슬쩌에 暴笑를禁치못하는가운데에도 그들의그런常識과우리의이런常識과는 永遠히交涉이 잇슬수업다는것을깨달으면서 요사이더욱이 이럿케나와훨신다른世界에사는사람의心理에 藝術的關心을떡가지게된나로서 絶望的인 寒心을늣겻습니다。勿論 붉은잉크와피와는近似하지도안은것이니까 그네들도大概는그血書가 붉은잉크는안인 무슨가장피에갓가운―僞造라고치고보아도―材料로써진것이라는것은깨달앗슬것인데도 피빗나는잉크가잇느냐는등다른김생 例를들면 쥐나닭이나그동차運轉手하나이뛰여들어와 살살 꾀이다가 말을잘안들으니까 [illegible]이, 싸위偽造血書를보내서 좀 놀내게한다는것이 그만마음이弱한 Y子가보고 너무 지나치게놀나서 그가정말죽는다는줄알고 그만 겁결에 저럿케제가먼저죽어버렷스니 생사람만하나잡고 그는여젼히뻔뻔히살아서 자동차를쌩쌩거리고 다니니 이런원통하고분할데가어데또잇습니까 그리면서 글세 이게무슨血書입니까하고 하이얀봉투속에서꺼내는簿記紙든가無地든가 편지한장을꺼집어내여보여준다。

펜으로자되잘게 만지장서 삣들삣들 是非曲直이썩壯觀이엿다。 나는첫머리 두어줄 읽어나려가다가 욕주가리가나서 그만두고 大體피가어되잇느냐고 이것은펜글시지어되血書냐고그랫드니 이게卽血書다는卽피를내엿다는證據란말이지오하며 저끗흐머리로씌혀잇는 서너방울떨어저잇는 指紋무든 피자죽을 가르친다。 코피가난는지 코피치고도너무分量이적고 빈대지나가는것을아마터뜨려죽인모양인지 正體자못不明이다。 그런데 그章末에曰 이血書가당신에게配達되는때는나는 벌서이世上사람이아니고樂園에가잇슬것이라고―要컨댄 樂園會館에愛人이 대신하나생겻단말인지도 몰을일이다。

그런데 Y子는죽엇다。 정말그편지가配達되자죽엇다。 그래이편지한장이××꾜―사람하나를죽일수가잇슬가。 정말 이편지에 무섭고 겁이나고깜짝놀내서죽엇슬가。 나는또다른○○꾜들에게서――

두사람은 情死를約束하고 自動車로 漢江人道橋건너까지나갓다自動車는돌오돌아갓다。 人道橋를걸어오며 두사람은死의法悅을마음썻늣겻겟지。 마즈막으로擧行되는 달콤한 눈물의키쓰。 Y子는먼저신발을벗고 스푸링오―버를벗고 정말물로뛰여들엇다。 그 무시무시한落下 그쉽씩씁씩한 물질쌔여지는소리 죽엄이라는것은무섭다。 무섭다。 그번개가튼恐怖가瞬間 그男子의머리에스치며그로하야금 Y子의뒤를따라떨어지는勇氣를막앗다。

半쪽만남은것가튼 엇던男子한사람이 구두와外투를 派出所에屆出하얏다。 그사람은 이무서운弄談을 消極하려고 自棄的으로 自動車에 速力을놋는다。

그도그럴것이지 W카페主人은 Y子의동생○○學校在學하는勤勉한 少年學徒에게 참아름다운마음으로 學資를支出하야주고잇다한다。

(畢)